この世で最もシンプルな
商売繁盛の法則

マンガ 看板のない居酒屋

成長物語

岡むら浪漫 代表
岡村佳明 著
みやたけし 漫画

現代書林

はじめのごあいさつ

岡村佳明

こんにちは。

岡村佳明です。

本書を手に取っていただき、ありがとうございます！


私は静岡で、居酒屋をさせていただいております。

今では、「居酒屋づくりは人間形成の場」をモットーに掲げ、居酒屋道に精進している私ですが、実は35歳までは、かなりちゃらんぽらんに生きていました。

そこから一念発起して、おふくろが始めた店を継ぎ、「看板を出さない」「宣伝をしない」「入口がわからない」というコンセプトで静岡県内で7店と、インドネシアのバリ島で1

店を経営しています。

ある日、20年来の店の常連であり、若い頃はサーフィンの仲間でもあった巨匠マンガ家のみやたけしさんが飲みに来てくれました。

いつものように、楽しいお酒が進み、話に花が咲いた頃、みやさんが思いついたように言いました。

「岡村くんの話をマンガにしない？　コレ、いいよ！　これから事業を始めたい30代くらいの人や、店や事業を繁盛させたい人、それに、何かをするにはもう遅いと思っている人にも、絶対に役立つよ！　すぐに出版社の人に電話しよう！」

岡むらのカウンターで酒を呑みかわしながら、いつのまにか熱く盛り上がっていました。私たち2人には、もしかしたら、神さまが降りていたのかもしれません。


このマンガは、主人公のケン太というあまりやる気のない青年が、さまざまな課題に取り組みながら、少しずつ成長していく物語です。

話はフィクションですが、私やスタッフが、実際に試行錯誤して取り組んできたことをいろいろ盛り込んでいます。

それをみやたけしさんが、生き生きとして躍動感のある素晴らしいマンガに仕上げてくれました。ただただ感謝です。

ぜひ皆さまも読んでいただき、この物語が少しでも仕事や人生のお役に立てれば嬉しいかぎりです。

それでは、始めましょう。

目次

マンガ 看板のない居酒屋 成長物語

原作――岡村佳明
漫画――みやたけし

ケン太君はいい人である。どこにでもいる28歳の男子である。そして……

そう、そして、どうでもいい人でもある。

母は女手ひとつでケン太君を育てた…。

看板も店名もない居酒屋は、そんな母が人生を捧げた店である。

とある地方都市の片スミの小さな居酒屋……お話はここから始まる。

ケン太君は母に尋ねた。「おふくろぉー、なんで看板も店の名もないんだ？　この店は――」。母は自分でもわからないという表情で、「まだ考え中――」と答えた。

「ボロボロになるまで使い込んだ店なのに、まだ考え中!?　もう自分の名前でいいじゃん」「あたしゃ、自分の名前が嫌いでサ」「なんで？　いい名前じゃん」「嫌いなの」「○×○×ちゃん」「キャーやめて――！　かわいいお花の名前なんかイヤーッ」「あははー」「あはははー」

仲のいい親子二人である……。

だが、ケン太君はこの店が好きではなかった――母が客と笑顔でおしゃべり……。ひとりじめしたい母の笑顔なのに……チェッと舌打ちして、ほんの少しグレた時もある。

「こんな店なんか大嫌いだ！」「絶対こんな店ぇ継がないぞ！」といろいろな仕事に就いてはみたが、長続きはしなかった……。イジメはどこにでもあって、素直にしてたらバカにされ、ミスを押しつけられたり、陰口を言われたり、まったく性に合わない仕事だったり。

部屋に閉じこもり、ゴロゴロと寝て、深いため息ばかり……グチばかり……。

「ああ……」と、先の見えない重圧にのたうち回る日々が続いた……。

季節の変わり目のある晴れた朝――。

煮込みの鍋の前で母は倒れた……。緊急入院、絶対安静。神妙な顔の医者に「このまま昏睡状態は続き、命の保証は……ありません」と告げられた。ケン太君は、絶望という名の穴に突き落とされた……。母にすがりついて生きてきただけの28歳は、ただ呆然と病床の母を見つめるばかりであった……。

その日の夜――。ドカン！ といきなりトラックが突っ込んできた！ 店の入り口と名前のない看板を壊して運ちゃんは謝った。驚きながらも、ケン太君はニヤリと「あっー、これは保険金をがっぽりふんだくって店をきれいにするチャンス♡」と笑った。だが保険屋さんは、静かに言った。「元に戻すだけです」。修復工事のために休業となった一ヶ月で客足はパタッと止まった……。泣きっ面にハチである。「看板ぐらいは新しくハデにしてもいいですよ」と保険屋さん。元通り何も書かないのもバカらしいので、待ってもらっている……。何かいい店名にしなくちゃなーと。何とかしなくちゃなーと。

何とかならないかなー…おふくろー…元気になってくれよ、おふくろー…と。

――ひとりカウンターにほおづえをつくケン太君であった……。

この物語はフィクションであり、実在の団体、企業、人物などとは一切関係ありません。

ガラーー！。。。。
ハァー…
なんとかならないかな
だめだ…このままじゃ
おふくろの入院費も払えない
嗚呼…
何もいいコトのない人生なんだろうな俺…
おふくろぉ～
…と ひとり涙する青年…
ケン太君28歳…
ニャー！
いらっしゃいませー

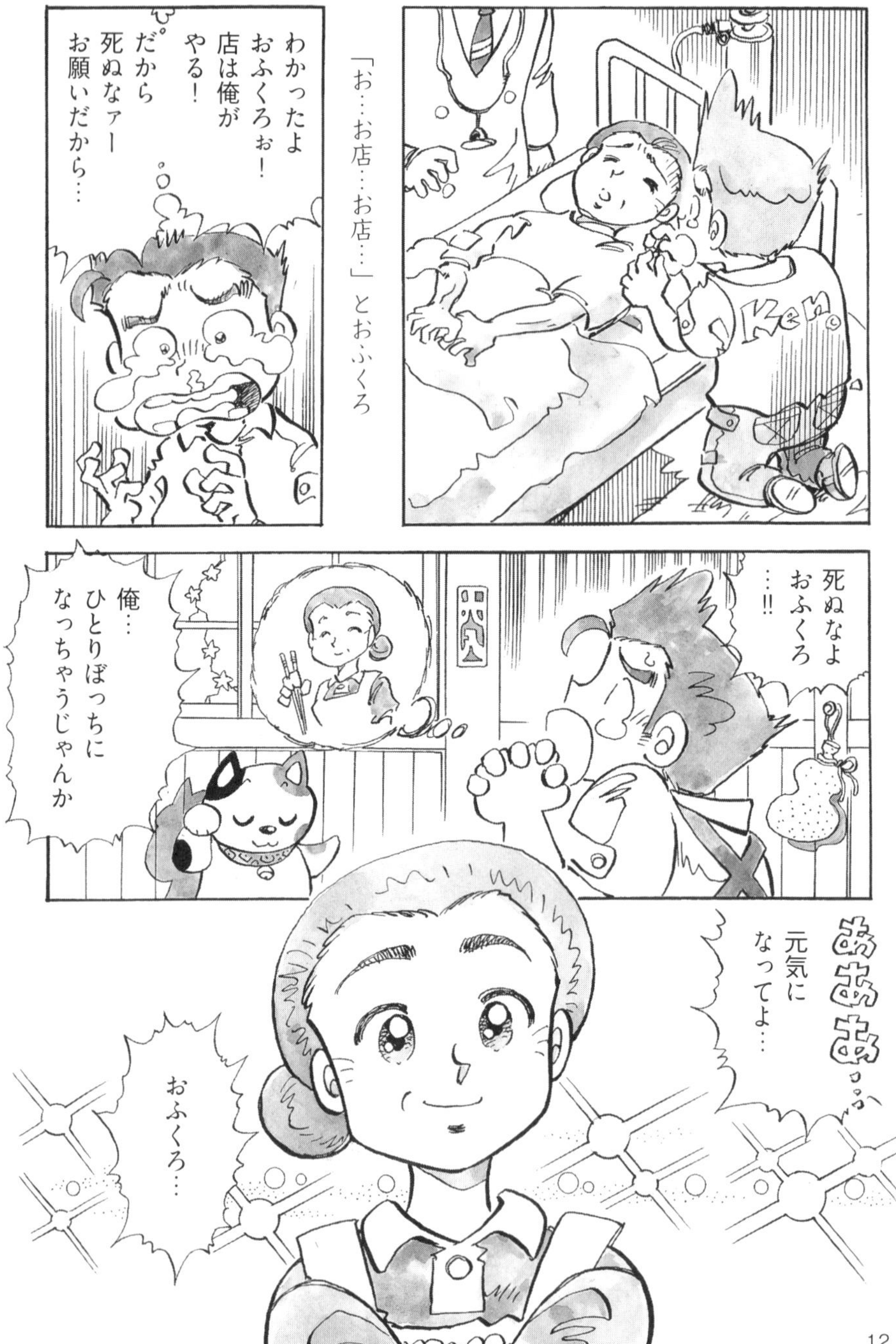
「お…お店…お店…」とおふくろ
わかったよ おふくろぉ! 店は俺がやる! だから死ぬなァー お願いだから…
死ぬなよ おふくろ …!!
俺… ひとりぼっちになっちゃうじゃんか
ああああ
元気になってよ…
おふくろ…

ケン太君の靴・・・
・・・・
誰かが
言ってたなァ
……
客から
見えない
所だしィ
靴は
きちんと
並べなさい
――って
学校の
先生だった
かな…?
チェッ
並べたって
すぐバラバラに
なるのにサ
めんどくせー
カラ カラ カラ…
ビール
!!
あ
い! い! いらっしゃいまし～

カラ カラ カラ〜
ピシャッ
あ・・・
チェッ
玄関直したから戸のスベリがいいでやんの……
前のガタピシならそうそううまく逃げれないのに
あ
と
ガタピシ
とりあえずビール
えへへ!
はっはあーあー!!
はぁ・・・
ガラーッ
泣きっ面《つら》にハチ——だよな…

え？
え!?
ぷりん
ぷりん
うわっ
お…お嬢さん――…
♡
体が透けてますね――♡
美しすぎて透けてるのですか
え!?
ウッ…
え!?
透けてる!?
なんかちょうだい
なんかちょうだい
ずる…
ポロリ…
なんかちょうだい
なんかちょうだい
ぼと
ぼと
なんかちょうだい
バサリ…

なんかちょうだい
うわ
うわ
うわ
うわ

工事中の
看板
工事中

カラカラー

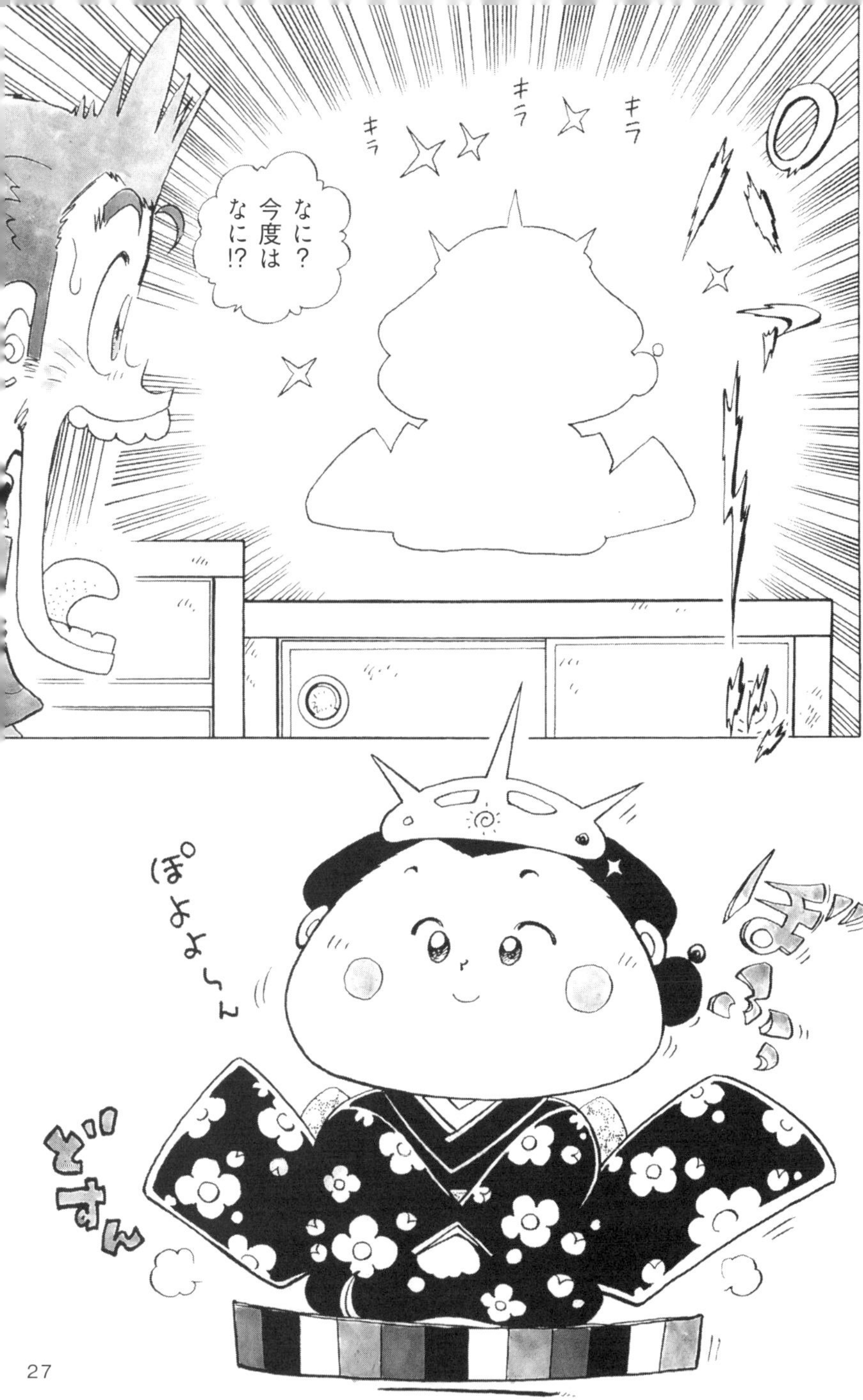
パァ
キラ
キラ
キラ
なに？今度はなに!?
ぽふっ
ぽよよ〜ん
どすん

ぽよよん…
今度は笑顔のステキな
若くふっくらとした
女神さまが現れた——
ふ
ふ
ふ
福の神
さまぁ——
困った顔をしながらも
笑顔でしゃべりかけてくる
女神さまだが… なぜか
声が聞こえない——
助けて
すると紙と筆を出し
サラサラと書き示した
サラ
サラ
サラ
私を福の神だと思っているのかい?
…?
「私を福の神だと
思っているのかい?」
福の神さま!
助けて下さい
まし——

達筆でくずし字なのに
なぜか読めた…
不思議だなァーと
感じながらも
それ以上考えないのが
ケン太君のケン太君たる
ケン太君なのであった…
えーと…
「私はまだ福の神に――なりたてで声も出ないようです…お前の力になれるかどうか」
……
いえいえ! あなた以外に頼れる方はおりません――!!
はい…なんとか頑張りましょう
ははーっ
ありがとうございます～
さらさら さらさら…
なんかちょーだい
ふわ ふわ
ふわ…
お店に出て来たアレは
お化けに見えますが…
あれでも神なのです
あれで神?
貧乏神や やく病神という
神の類《たぐい》ですね…
ちり神 はな神に続く――

吸いとり神とか呼ぶらしいです
なんか ちょ
ゴッ
あ?
あはは あはは♡
ポロッ
おぞっ
吸いとり神…?
なんか
鼻の油《あぶら》が取れそうな
神さまっスね…
なんか ちょーだい
他の人には見えず
特別 悪さはしないのだけど
どうします?
気持ち
悪いので
退治して
下さいまし!
わかりました!
流しの奥に
特級のおいしいお酒が
隠してあるので それを
飲ませなさい!
はいはい〜♪

あった
特級酒
うまし
特級
AAA
おつけもの
1972
おそる
おそる
なんかちょーだい
どぞー！
くぅっ！
ゴクン
ゴクン…
ぷはぁ…

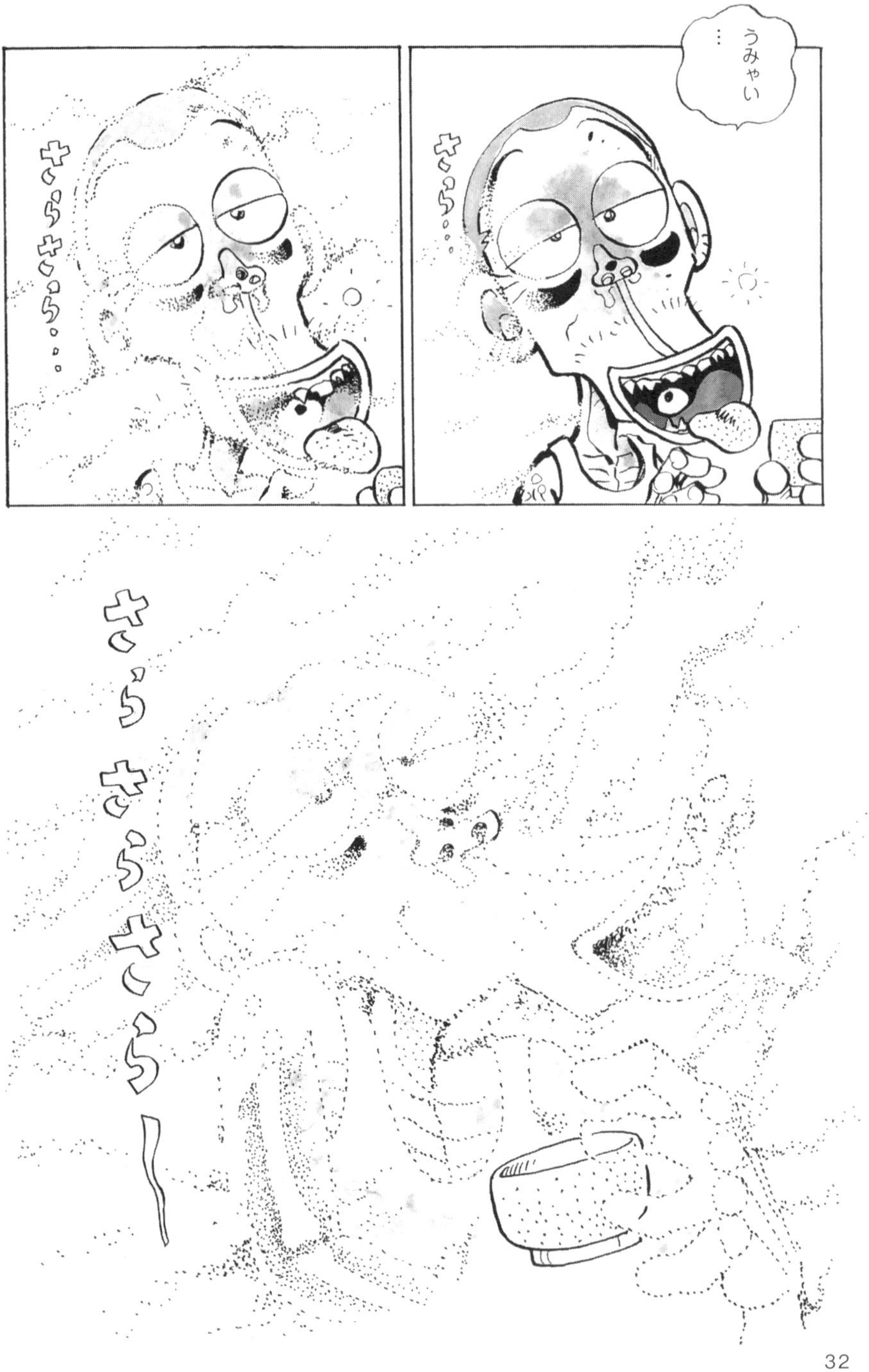
うみゃい…
さらら。。。
さらさらら。。。
さら さらさらー

コロロ…
やったぁ～!!
すごい　すごい
福の神さまぁー
あはは
おいしい酒を
用意しておけば
いいんですね!?
ちょろいちょろい!!
お前はいつも
単純だのォ・・・
むっ

いくら
福の神さまでも
そんな
おふくろみたいな
言い方はないんじゃ
ないのかなァ…
ムカムカ〜〜
お前は
この店を
繁盛させたいの
かい？
え？
いや——
そこそこ
喰ってけりゃ
いいんスよ
俺はそんな
欲ばりじゃ
ないっスから
だいたい
努力っつー
もんが
嫌いなん
スよねー
俺って
人は！

さらさらさら〜
なんスか
なんスか
なんスか!?
今日より毎日
一日の出来事で
良かった事を
三つ書き示せ

え？なんスかそれ…
毎日のいい事三つ？
困りますよーそんなめんどーなコト俺いっちゃん嫌いな人《ひと》っスから
にゃー
むかーっ
ふら
あ
ふにゃ!?
……
ま…いっか…
にゃー
コテ
ふあ～あ
疲れた…

いろんなコトがあったなぁ……
ふぅ
ぐったり
ぐったり
吸いとり神現わる福の神現わる吸いとり神消える――
ふあ～
ゴト…
そして福の神も怒って消える――か
ゴトゴトゴトゴト…
あはは
めでたしめでたし
はぁ～…
…
え!?
せっせっせ―の
よいよいよいっ―と
キャハハ♡

なんかちょーだい
なんかちょーだい
なんかちょーだい
うげ〜っ
3匹に増えてる——!?
なんかちょー…
ゴッ
あ
カパッ
ボテッ
カタカタカタカタ…
キャハキャハ
入れ歯くちゃーい
なんかちょーだい
イヤーン
あー
もう〜〜!!

ほれ！
どん！
特級酒
こりゃ
うまし
これやるから消えてくれ！
わーい
なんかちょーだい
なんかちょーだい
なんかちょーだい
グイグイ
グイ
プハー
え？
なんで…？
お酒 あげたじゃんか——!!
なんかちょーだい
なんかちょーだい
うわ
うわ

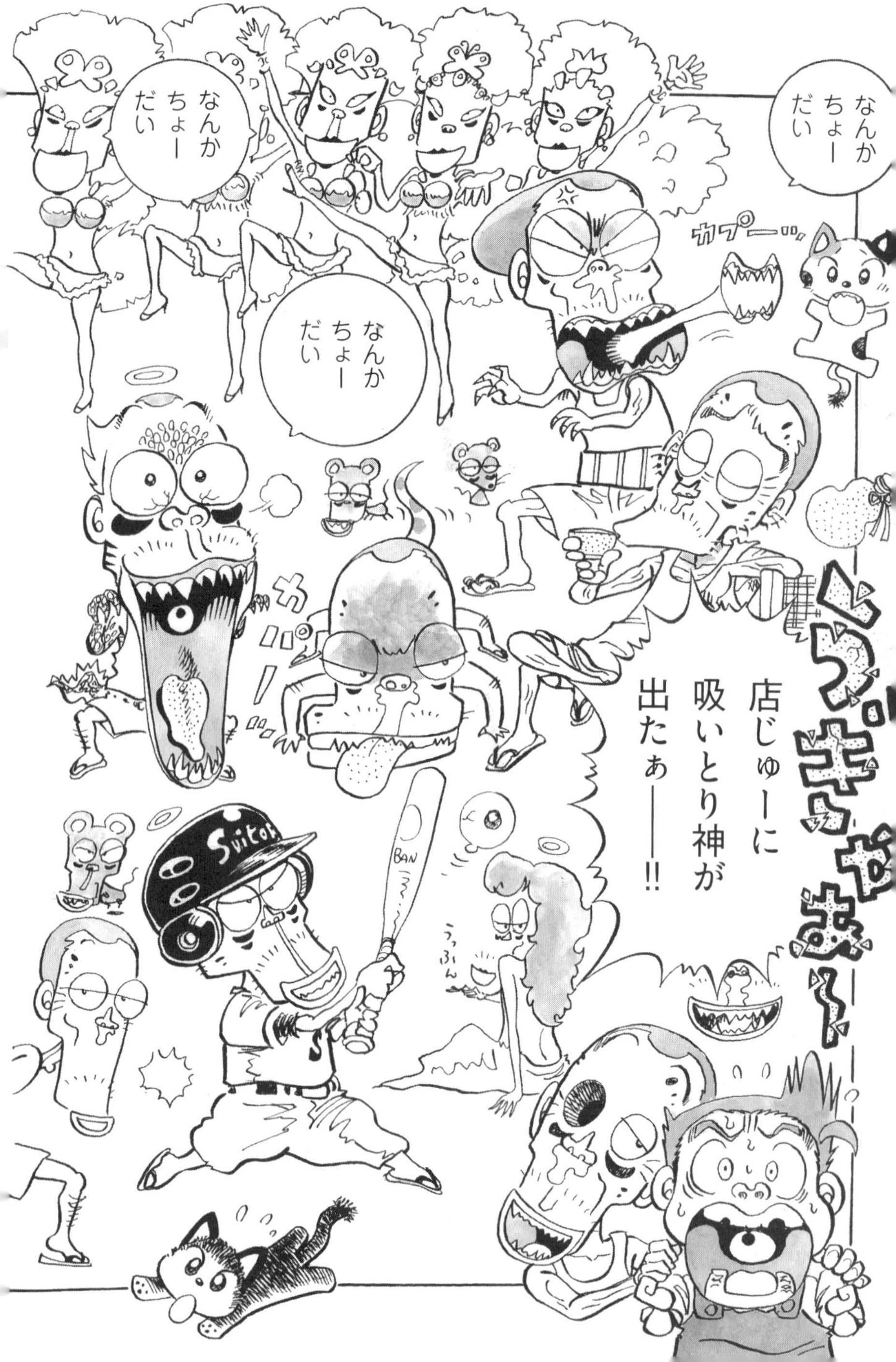
なんかちょーだい
カプー
なんかちょーだい
なんかちょーだい
うぎゃあ〜
店じゅーに吸いとり神が出たぁ――!!
うっふん
Suitor
BAN

くれ〜♪
もっともっとくれや
大阪弁
もっとちょーだいでないかい
北海道弁
1975
大阪
もっともっとちょーだいサ——
沖縄弁
助けてぇ福の神さまー
なにを食べても飲んでも消えねぇじゃんかよ——!
キャー!

あ
ふく…
ふく…
ふく…
福の神
さまァ
ふくふくと
人の事を
トイレットペーパーの様に
呼ぶんじゃない！
助けて下しゃれ〜
あああー
あ？

吸いとり神も
人間と同じで
色々なのじゃ…
おいしいお酒が欲しい者
おいしいおでんが欲しい者
あったかいサービスが
欲しい者…
それは見た目では
わからないけど
繁盛する店は　それを
すべてそろえているハズ
——！
そう！　だから　繁盛店には
吸いとり神なんて出ないのじゃ
吸いとり神に消えてほしい
ならば　繁盛店にせよ！
だ・か・ら!!
今日一日の
良かったコトを
三つ書き示せ!!

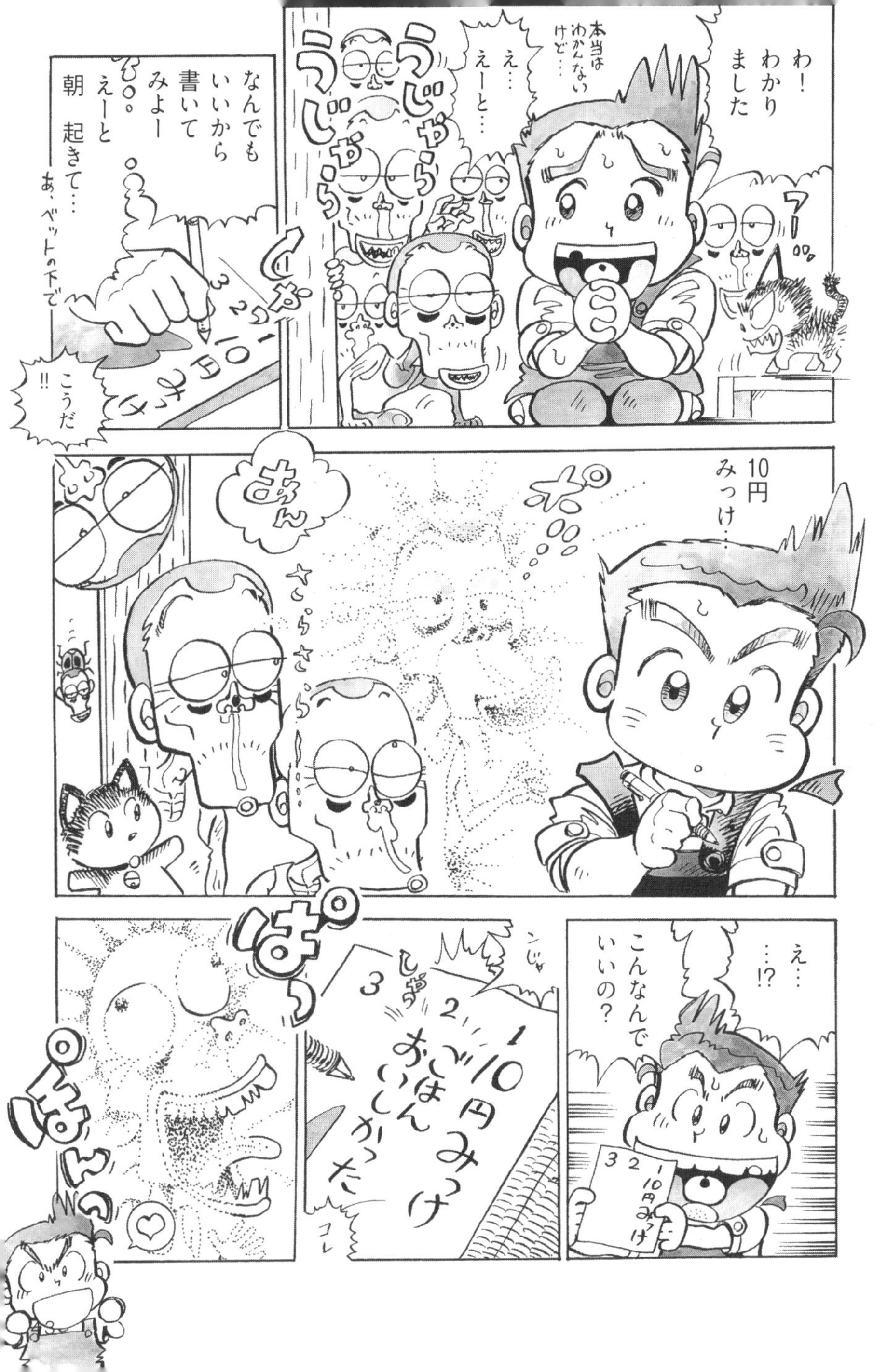
わ!
わかり
ました
本当は
わかんない
けど…
え…
えーと…
うじゃうじゃ
ぎらぎら
フーッ
なんでも
いいから
書いて
みよー
む。。
えーと
朝 起きて…
あ、ベットの下で
3
2
1
10円みっけ
こうだ
!!
10円
みっけ…
ぽ
あん
さらさら
え…
…!?
こんなんで
いいの?
ぱっ
しゅ
3
2
1
10円みっけ
おいしかった
ごはん
コレ
ぽんっ

えーと。
三つめ 三つめ
あと ひとつー
あ
そうだ!
どいて どいて
しゃんっ!
2 ごはんおいしかった
3 靴をきちんとそろえました。
きもちよかったです♡
ぱん
ぽん
あ
あん
なんかちょーだい
わりとたくさんいった!

※編集部注　神さまは、「座(ざ)」もしくは「柱(はしら)」という単位で数えます。

頑張るんだ！
俺なりに…！
あれ？
「俺なりに」って
ちょっと
消極的かも？
うん…
ま
いっか
とにかく
寝よ…

こうして
看板のない居酒屋の
新しい店主！ケン太君の
長い戦いの日々が
始まったのであります…
その
一日めの朝
ケン太君は
やる気満々で
飛び起きた
まずは
玄関のそうじ
そのあとは
テーブルふき
…かな？
——と
おふくろさんが
あたり前のように
毎日毎日やっていたコトを
思い出しながら…
ふうふう

看板…
どうしよう
かな…
工事中の看板
ふぅ。。。
お店で
一番大事なのは
看板だもんな
看板が
バッチリ
決まれば
繁盛店
まちがいなし
――!!
あ?
うじゃら
うじゃら
ゾンビ～
なんだ
お前ら
外まで
…
ひィ
～～
福の神さま
～!!
看板のことより
やるコトがあるでしょ
――!?
さっさとお掃除
しなさい――
バカ

えーい 消えて無く なれーい
しゃっ しゃっ
むむ… なかなか 消えない な
くそー 他に 掃除する トコ…
どこだ どこだ
む
あれ？ 玄関工事して 新しくしたのに もうほこりが
こんなの 簡単 ――
ひょい
ぽん
かんたんたん♡
む
雑草― ひょい！
ぽん
ぽ
ぽ ぽん
落葉も ポイッ
ぽ
毎日毎日 お掃除だ 俺は お掃除 王子様 だー
あっはっはっはっ

おう せいが でるねぇ ——
お… おは… おははよ ござ…
そうかい おふくろさんの 跡を 継いだのかい
そりゃ いい!
うん!
また 飲みに 行くよー
あっはっはっー
あ
あ
あ
ありがとう ございます ——…
1 玄関のそうじ
2 きもちいい!
3 あいさつもらった うれしかった♡
おはよ —— ございま ——す

二日め　三日め……
吸いとり神さまを
消すコツがわかってくると
おもしろいように
消えていただけるのだが
同じように増えるので
数が減るワケでは
なかった……そして
ケン太君は　毎日の
あたり前の出来事に
感謝――の心が
芽生えるのに気づいて
いた……
ひとつひとつは
ほんの小さなあたり前で
あるのに
まるで命の泉の
雫《しずく》のように心に
染み渡るのだ――

しかし……

しかし客が一人も来ない……
これではどうしようもない…
ああ………
どんな変な客でもいい！お金を置いて行ってくれ――
どんな客でも
カラカンカン
あの――
いいですか――？

ドカ
ニャーン
い！
い！
いらっ――
いらーっ
しゃい
まし―

ささささ!!
最高の
友達と
まちあわせ
なんです
おしぼり
どーぞ
ー!!
お客さまぁ
ーーー!!
とりあえず
ビール
小ビンで
……
かわいい
いいお店
ですね
きれいにしてて
ー……
あ
かわいい
ーー♡
み!
道ばたの
花っス!
一日三つ
気持ちの
良いコトっス!!
消えるんス!!
?
ビール
ーーっス

おめぇな——
声 ちっちぇーん だよ
もっと 声を 張らなきゃ ——
まずは 練習して みろ!
ほれ!
い… いらっしゃい ませ…
はずかし がり屋さん じゃダメ!
居酒屋 さん だぞ!
やい!
えぇ? あの…
もっとだ バーカ
はー はー
またも いきなり 現れた 児玉君は 明るい性格で ケン太君の 欠点を 見抜き 指導して くれるようになる ……
なぜか ケン太君は 児玉君の言うコトは 素直に聞けるので あった…
いらっしゃらませ—
もっと 声出しの練習 そして笑顔の練習 ——!!
児玉 さんは ——
はぁ はぁ
スパルタ チェーン店に いたんスか ——?
どーでも いいじゃん
いらっしゃいませ!!
はい! 元気よく!!
笑顔が かたい!

5日後
ケン太君は
出来事を
並べてみた
……
3 2 1
1日目
1 10円みっけた
2 ごはんおいしかった
3 靴をきちんとそろえました
2日目
1 テーブルをふいた
2 皿を洗った
3 トイレそうじした
3日目
1 玄関のそうじ　きもちいい
2 あいさつもらった うれしかった
3 スミズミまで床そうじ
4日目
1 料理うまくなってきた
2 エプロンを洗った
3 大きい声が出せた
5日目
1 いい笑顔出た
2 ダクトの大そうじした
3 冷蔵庫の中身の整理した
あたり前
……
きゅっ

それらは
みんな
あたり前のコト
やって
あたり前のコト
なんだ…
しかし
その奥深さには
まだ気づかぬ
ケン太君であった
ゴミ
みっけ
──♡
あ
ぽん

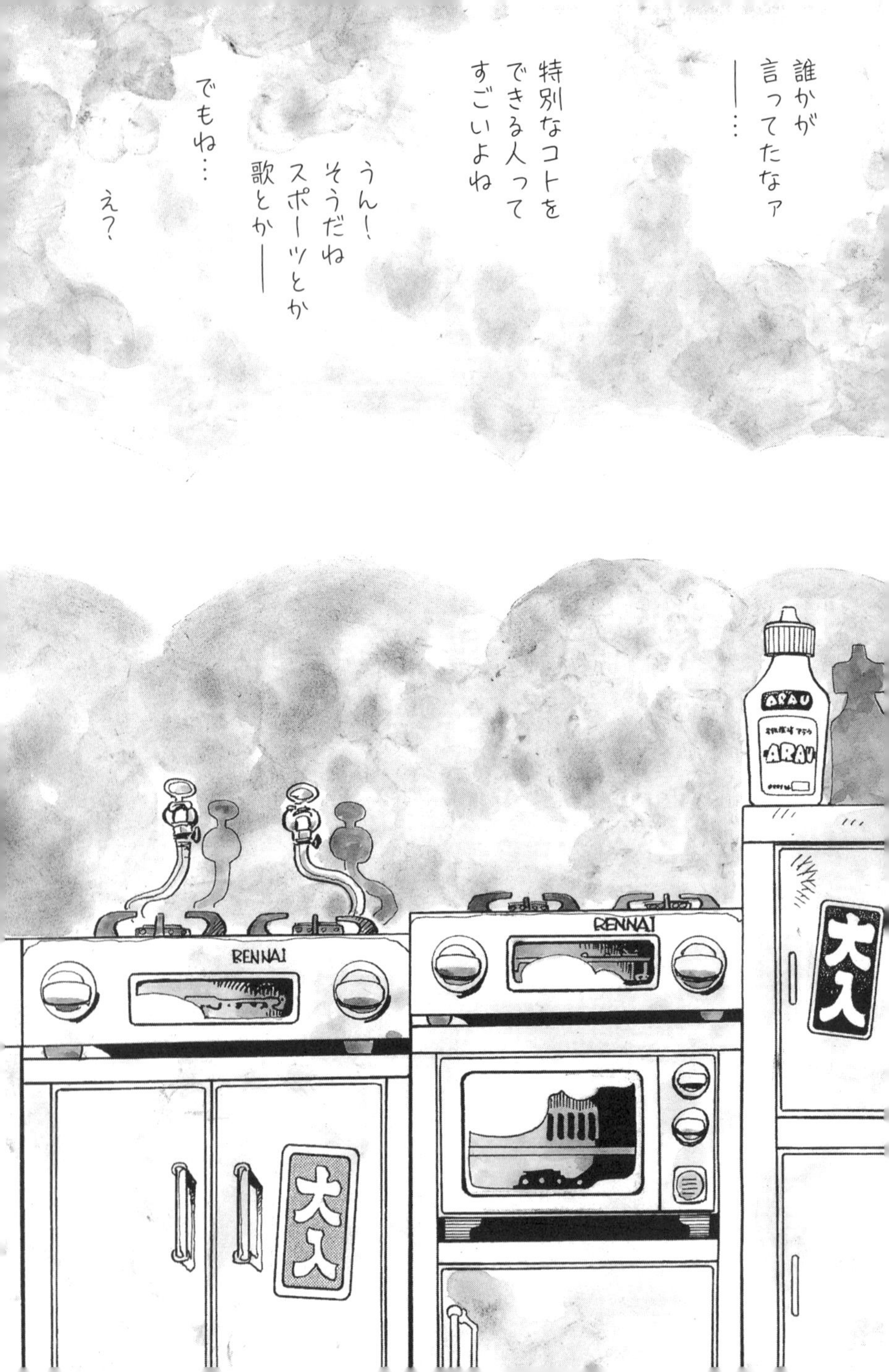
誰かが言ってたなァ
——…
特別なコトをできる人ってすごいよね
うん！そうだねスポーツとか歌とか——
でもね…
え？
RENNAI
RENNAI
ARAU
ARAU
大人
大人

誰にでもできるコトを誰もできないくらいする人はもっとすごい人なんだよ……
――ってなるほど!
大人

誰かが言ってたなァ……
「辛い体験」は
自分の「あたり前」を
自分の「幸せ」に変えてくれるんだよ…
——って
ふうん…
小皿鉢！全部洗い直し——!!

誰かが
言ってたなァ
……
「海」の中に住む魚は
海の姿がわからない…
「幸せ」の中に住む人間は
幸せの姿がわからない…
「日常」こそが
幸せの海…なんだよ…
──って
なるほど……
じゅう

誰かが言ってたなァ…
自分は「生きている」のか「生かされている」のか
「働いている」のか「働かせていただいている」のか…
それに気づくコトができたら人生は大きく変わり始めるよ…
――ってなるほど！
大入
百両

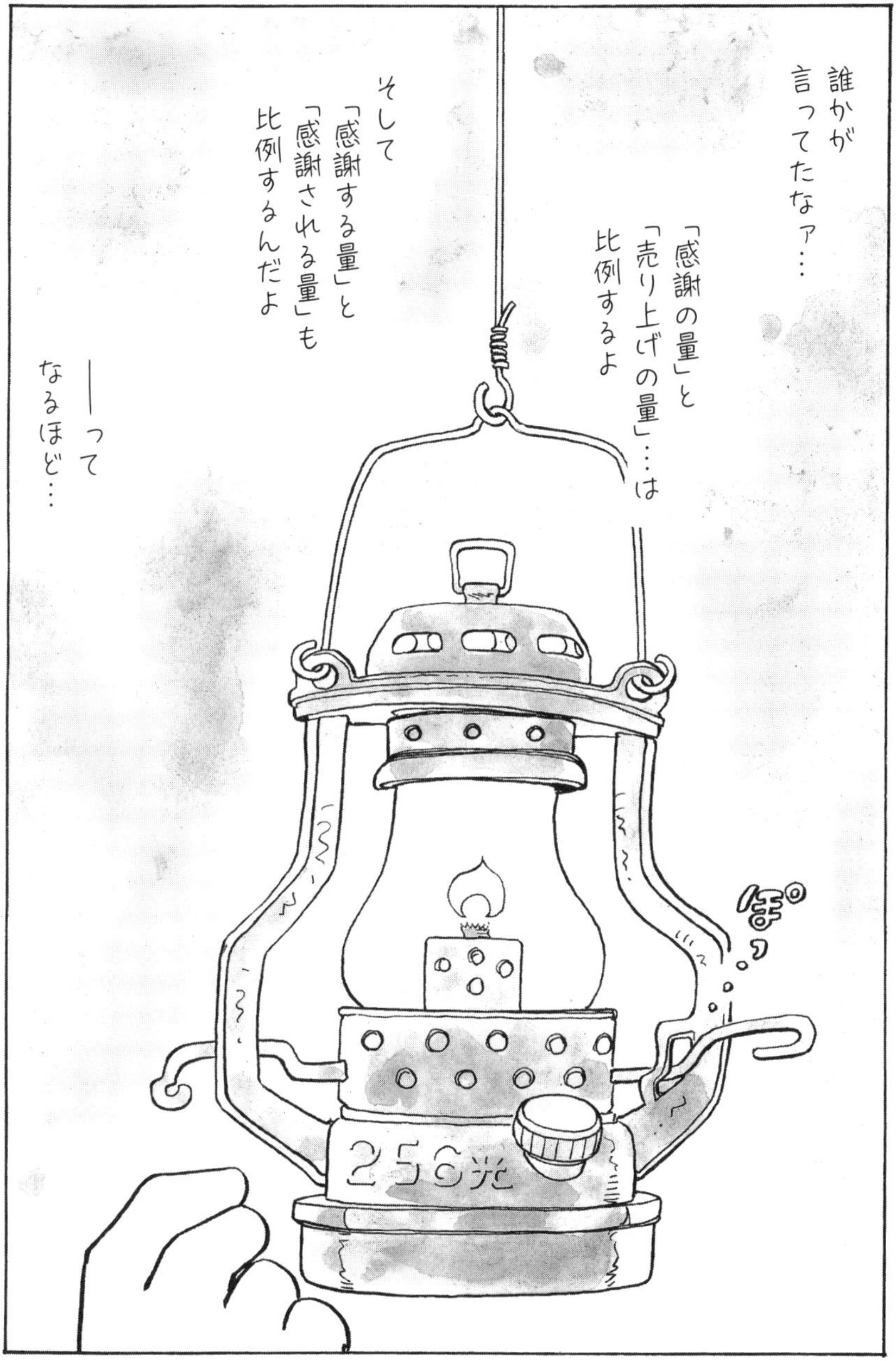
誰かが
言ってたなァ…
「感謝の量」と
「売り上げの量」…は
比例するよ
そして
「感謝する量」と
「感謝される量」も
比例するんだよ
――って
なるほど…
ぽっ
256光

誰かが
言ってたなァ…
「それって絶対
難しいよね！」
そう言われたら
それは
「チャンスが来た」――と
いうコトかもね
――って
なるほど
火の用心

三人めの客のセリフ…
なんだァー おい
淋しくなっちまったなァ
あはっ
おふくろさんがいないとこんなになっちゃうのね!? あはは〜
かなりの酔っぱらいだ…
すいませーん
助けておふくろぉ〜!!
一度 離れた客を呼び戻すってなァ ——おめぇ!
ウヒャヒャヒャ
それって絶対難しいよね——!
「チャンスが来た」——と思うコトにする
——ってなるほど
絶対呼び戻したる…
ブルブル…

ジュリ
頑張れ
頑張れ…
ひとつ　ひとつ
……
命の泉の
雫《しずく》のように
……
コト
コト

ふと…ケン太君は思い出した
小学生の時集団登校で……
転んだ…
いてっ
あはは
ばーかドジだー
あ
きれいなビー玉みっけ!
あーいいな――
転んだからビー玉を拾った…
悪いことも自分次第でいい事になる――
物事はとらえ方で変わるんだよ
――ってなるほど――
あはは…
にゃー

おはよ——
あっ!
おはよーございまーす
うん! いい声だ!
ただいま かーちゃん
おかえり
なァー かあちゃん
あー? なに!?
あのさ
今度飲みに行ってもいーかな
えーっ あんた体調いいの——!?
どこに行きたいのサー
あの煮込みのうまい店の…
あー あの いつも そうじやってる子ね

いいじゃん
行ってやりなよ——♡
キュッキュキュー
誰かが言ってたなァ…
ジャー
カシャカシャ
皿洗いを命ぜられたら日本一の皿洗いをめざせ——…
電話番を頼まれたら
日本一の電話番をめざせ——…
ぴかぴか…
そしたら誰もお前のこと
放っておかないから——

――って
なるほど…
うん!
あ
ぽん☆
キュッ
ぽん☆
きもちぃー
ぽぽん☆

しゅっ
ぽんっ
ふん!
きゅきゅっ
ある日――
掃除する所がなくなった
隣近所まで掃除した……
それもひとまず終わった
……

すべてが
きれいになった
毎日
あたり前の
コトを
していただけで
すべてが
蘇《よみがえ》ったかのように
きれいになった
……
工事中

ケン太君の
心の泉には
やる気という
水が――
あふれんばかりに
満ち満ちていた…
NACHONE
EC-5076
あ

ぱーあっ
ぴかーっ!!
ぽよよ〜ん
ははーっ
こんばんわ――でございます
福の神さまぁ――!!
本日の三つでございま――す
1 すべてをきれいにした
2 ピカピカにした
3 つるっつるにした
転んじゃった
ぜんぶ掃除の話ですね
だって――
ずっと掃除しかしてないんスもん――

・・・
不平不満を
言ってると
また 違う
神が出て来る
わよ!!
New
神
違う
なにっ?
なに?
呼んだ
?
!
福の神さん…
あんたが
本締めじゃ
ないの?
もしか
して――
むかむか～
むか むか むか～～!
あんたが
この
化け物どもを
あやつってんじゃ
ないのー!?
そんでもって
おいらを
イジメて
楽しんでん
だろ!

コ
ぱあ〜
バカ
ふう。。。
きらきらきら…
バカ
あ…
あ〜あ…
バカ
ぴらぴら…

やべ…
福の神さま怒らしちまった……
コロロ
…ビー玉
…ちぇっ
ビー玉じゃんかよ……
ちぇーっ
ただの古くさいビー玉…
福の神が投げたからお宝かと思うじゃん
ちぇっ
…あれ?
これもしかして
集団登校の時転んでひろったビー玉か?
まさかな…
もう20年も前だぞ
はは…

なにが見えるんだい？
うふっ！
火の用心
コトコト…
……
おかしな子だよケン太は！あはは…

・・・
おかしくって……
いい子だよ…
はい!
お食べ
今日の煮込みおいしいよ——
ドン!
こらこらちゃんとして食べなさい
おいしいでしょ!?
うん!まぁまぁ——かな
本当はすっごくおいしかった——おふくろ…
おふくろ…
グス…
おふくろぉ~~!!

あんたー
今夜あたり
飲みに
行けば
——？
あんたが行くと
その店は
必ずはやるって
伝説の人なのに
サー——
うん…
どうも
近頃　元気が
出なくってね
……
ふーん
おーい
おーい
ケン太君
おーい
おーおいおい
ガヤガヤ…
いっぱい
来てるぞ
——
え!?
お客
さん!?

訳のわからない神サマがいっぱい
え
何?
呼んだー?
もう
ダメだ

……
福の神さまァ……
のしのし……
ニャー
とある不動産
とある不動産
はい!
どうぞどうぞ
こんにちは――

査定ですか ――?
ふむふむ
おやおや あー あのー 看板のない 居酒屋ですね ――?
はいはい
前から 気にしていたんですよー
はい!
もうそろそろ かなーって…
ん!
あ! いえいえ
ども!
・・・・・・
AREKORE
え… えーと あの土地は かなり低いから 大雨の時は 水が出るでしょ?
あ、ここ!
建物も もう古い ですから ―
40年!
設備品に 特別な物 無いですね?
ね?

土地の値段だけで――
すいません
ピポパポ♪
はい
これです!
??
そんなに安いんですか?
マジで――?
ハイ…
すいません
そうですか……
考えてみて下さい――…
よろしく――♡
…また来ます…
どーぞ
安かぁないぞ…
ボロボロ…
そんなに安かぁないぞ――

おふくろの店は…そんなに…
そんなに安かぁないぞぉおおお――!!
300円
20% OFF
MANHOLE
1993
MANHOLE
ピーマン
おふくろ
おふくろ おふくろ!

誰かが
言ってたなァ…
「もうダメだ」
……
そう思った時から
本当の勝負が
始まるんだよ…

泣いて泣いて…
立ち上がれなく
なって……

だけどそれでも…
這《は》いつくばってでも
前に進むのが
――
勇者なんだよね

……
ふうん…

NETIONALA
誰かが
言ってたなァ…
楽しい時「楽しい」
苦しい時「苦しい」
──って
言ってしまうのが
「アマチュア」
うん…
楽しい時「楽しい」
苦しい時も「楽しい」
──って
言うのが
「プロフェッショナル」
あ…!
そう…
苦しみを楽しんでしまう人が
本当のプロフェッショナルって
呼ばれるんだよ
KUSYA
大入
──って
なるほど…

誰かが
言ってたなァ…
「お店」はね…
「いかに売り上げるか」よりも
「いかに愛されるか」だよ…
「人」も「お店」も
一緒だよ…
——って
なるほど…！
ポッポロビール
ポッポロビール

こんな事にやっと気づいたのか…
バカ野郎ォ──!!
「靴をそろえろ」も何もかも──
何もかもすべて俺の原点はおふくろ…
そんなコトあたり前じゃないか!!
ハハハー
……あたり前をありがとう
あ…
あったけぇあたり前をありがとうおふくろー…
がく…
がくがく…

やき鳥
おふくろが言ってたなぁ…
「商売も友達関係も一緒よ」
「まずは自分が好かれる人間になるコト」
「そうしたらみんなお前に会いに来てくれるだろうよ」
「へぇ…」
――ってなるほど…

おふくろー
なァに?
今日 授業中
しゃっくりが出たら
人気出たー!
え?
「きもーい」
「うつるから
あっち行けー」
「やだーもうっ」
——って
…それは人気出たーとは
言わないわねー
ただの しゃっくり出た…ね
あ!? やっぱり?
ひっく
あはは…

味見してみてー
どう?
はいはいやり直しまーす
店はこざっぱりしてて普通
料理はまだまだだけど
酒もサービスも普通
値段も普通
普通にやるだけでも立派だけどサー
それだけじゃ客は来ないぜー
ジャー…

あ
ありがとうございました
福の神さまぁあ…

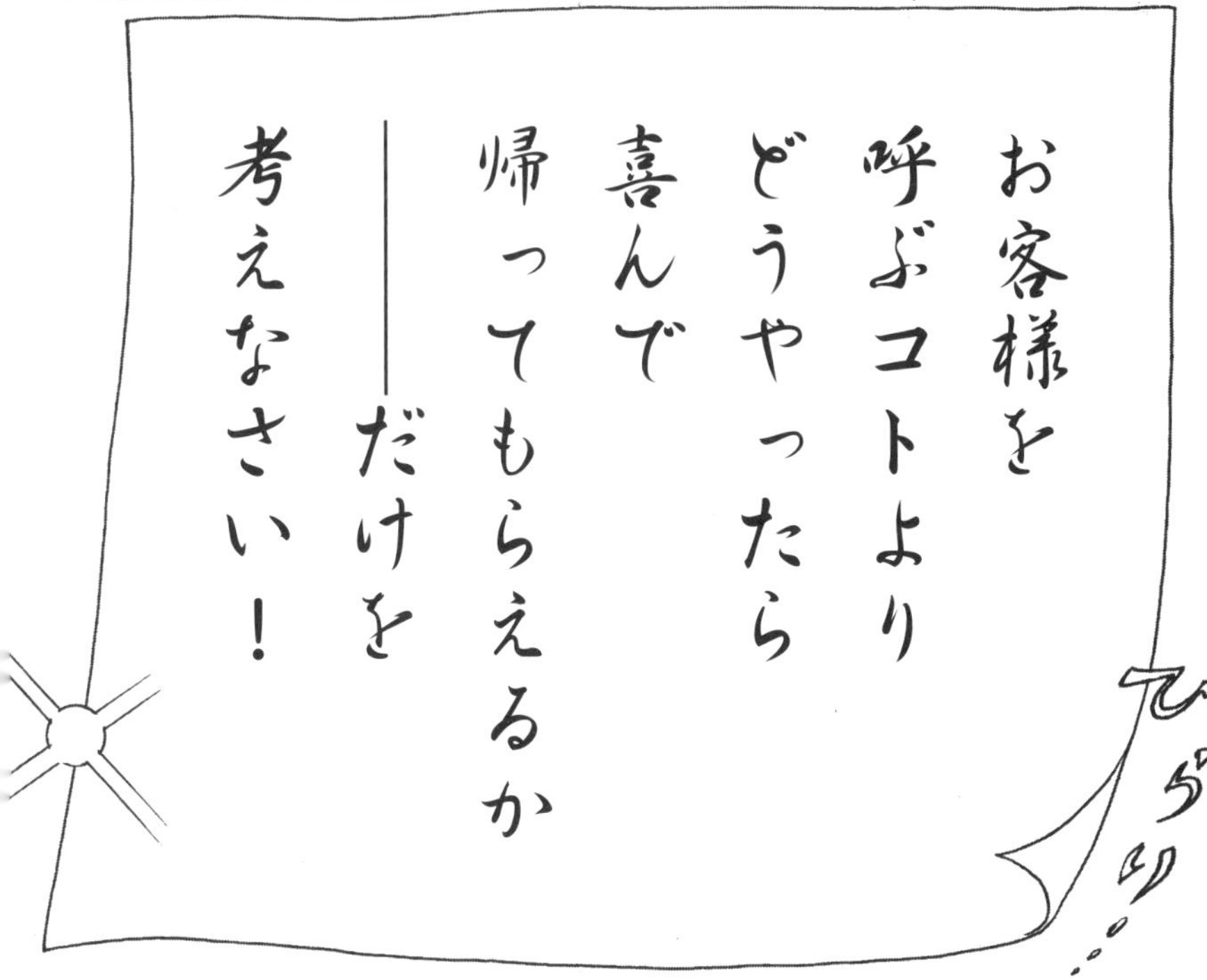
お客様を
呼ぶコトより
どうやったら
喜んで
帰ってもらえるか
――だけを
考えなさい！
ひらり…

※編集部注　　ホー＝報告　レン＝連絡　ソー＝相談

…？
何？
お兄ィちゃん
労働者《サラリーマン》の
気持ちが
わかる
のー？
あ…
スイマセン
でも
わかります
…!!
だって――
世の中
うまくいかない
事ばっかりで
へぇ～
いいね
お兄ィちゃん
ニコ
気に
入った♡
ポン
ポン
ポポン

怒
聞いてよ聞いてようちのババア!!
最近ボケちゃって話《はなし》ンなんないのよー
ンモォー!
すいません……おふくろの話は…
グス…
思っただけで泣いちまうん——っス……
ぽん
ぽん
ぽん
あら
そうよね
そうよ親は大事よね
ぽん
ぽん!
BEER
OHANA

ぽんっっっ
七味
七味

ぁ
ありがとうございました――!!
おいおいなにお礼なんかしてんだよ
バカだなー
ずいぶん迷惑――かけられた吸いとり神だぜー
…ある意味俺の師匠だった…
――のかも…
…
ふーん…
変わったなおめぇ…
…じゃあ
ふっ
俺もそろそろ…

……まだ　いいじゃないか…
消えないでくれよ…
…おめぇ…
さら…
さら…
わかっていたのか？
俺もまぼろしだっ——てコト
児玉さん…じゃなくって
こだま…ですよね
俺の…
そうだよ…
俺はおめぇのこだまだ…

こだまさんが
いくら飲んでも
お酒が
減らないし
現金は
増えないし
…
おかしい
なぁって
…
おっ
そりゃ
わりィ
…
さら
さら…
ずいぶんと
はげまして
くれて…
感謝して
ます…
よせよー
自分に
お礼なんか
いらねーよ
——!!
さら
さら…
俺は…
合格…ですか
…?
うん
合格!

自分がひとりだなんて
思うなよ
いつも俺がついてるぜ…
そこんトコ忘れんなよ
へへっ
じゃあな…

ありがとうございました――!!
俺!
大入
きららん。。。

あとは
新しい
神さま
だけだ
ゆっくり
していって
ねー
よろしく
くー
すかっ
すかっ
すかっ
すかっ
ぴーっ
これは
これは
お客さまー
い…
いらっしゃい
ませー
グー
ぷしっ
ンあっ

BAW!!
あ
あ
びっくりしたー
いらっしゃいませ
あ！犬の散歩の方…
この子も一緒にいいかな？
おふくろさんの時はOKだったんだけどネ
あー
ははは
いつもおとなしくいましたよね♡
ワンちゃん♡
どうぞお好きな席へ！
わん！
BAW!

いいから飲も飲も!! ほらーっ!
いらっしゃいませ
ンモー やだ! あんな会社 やめてやる!!
あ
ワンちゃん
オッス
同僚ぉ いっぱい 連れて 来たー
ビール
おっ 女の子 いっぱい いる♡
あはは

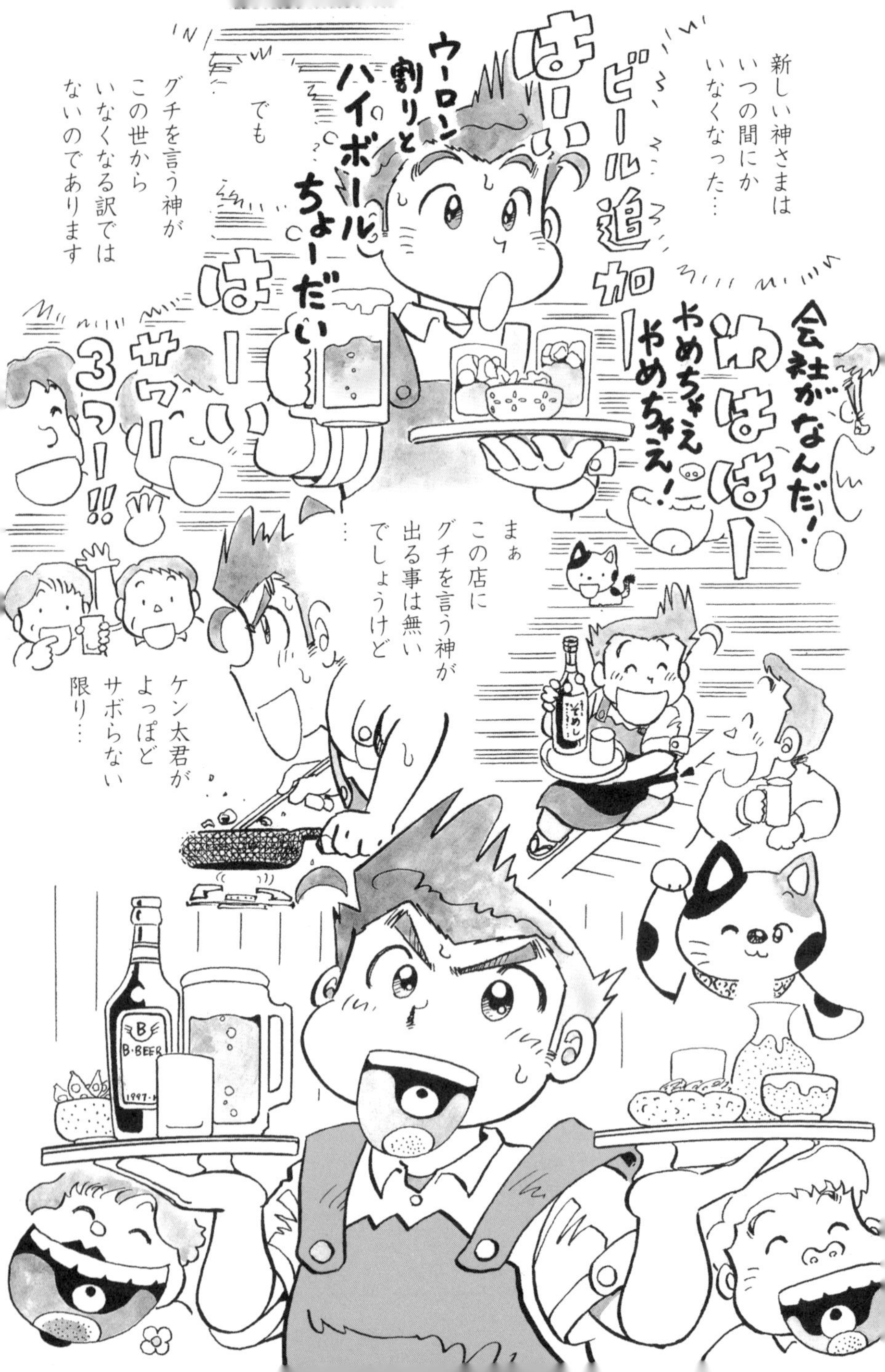
新しい神さまは
いつの間にか
いなくなった…
はーい
ビール追加!
ウーロン割りとハイボールちょーだい
会社がなんだ!
わはは!
やめちゃえやめちゃえ!
はーい
サワー3つー!!
でも
グチを言う神が
この世から
いなくなる訳では
ないのであります
まぁ
この店に
グチを言う神が
出る事は無い
でしょうけど
ケン太君が
よっぽど
サボらない
限り…
B・BEER

おふくろが
言ってたなァ
……
歌手や踊り子だけが
舞台《ステージ》に立つわけじゃ
ないのよ
お店も職場も
ステージなのよ
お！
お！
へぇ…？
ここは俺の
ステージ！
ここは私の
ステージ！
お！
おまち
〜！
輝いて見える人は
必ず そう思っている
はずなのよ！
キンチョーしすぎィ
〜
ま！
のめ!!

お店…なのか？
物を売る所…なのか？
作業場…なのか？
ステージ！…なのか？
きびきび
しゅっ
しゅっ
自分の意識次第で
輝きが変わってくると
思うのよ！
GDS

きびきびしてるねぇ〜
まるでダンスしてるみたい
いや
オレには掃除してるように見えるなァ……
「見られている」という意識
歌手や踊り子だけが舞台《ステージ》に立っているのではなく——
くるんくるん
すととととん
さささーの
さっさかさー♪

来て
よかったよ!
元気出たよ
——!!
ありがとう
ケン太くん
いえいえ
俺の方が
元気
いただき
ました…
ありがとうございましたぁー!っ
にゃー

おもしろい奴だなーこいつ…
泣いてら〜…
こいつおもしれー
ケン太おもしれ—
おふくろがよく言ってたなァ…
「せっかく来ていただいて皆さん楽しんでくれてるかな…?」
その気持ちこそが一番の接客なんだよ
その気持ちが気づかいに出て態度に現れるからね

人はね――
人に優しくされたら
優しくしたい…
大切にしてくれたら
大切にしたい
笑顔をもらったら
笑顔で返したい…
――って法則…
「返報性の法則」って
言うんだけど…
コロン
うーん
ちょっと
難しいわねぇ

だから
お客様を
大切にすれば
するほど
お客様に
大切にして
もらえる
存在に
なれるんだよ
ラーメン
八百屋かなぶん
中華ラーメン
なすび
ダイコン
NACHONE
EC-5076

だから
まずは自分から
お客様に
笑顔で優しく
することが大切ーー
なんだよ
＝
わかるかい
ケン太…
ーーって
なるほど…
おかむら食堂
中華
ラ
中華
ラーメ
かいませ

神さまはね
あなたが口に出している事を
望んでいると思うんだよ
神さまはね
あなたの言葉ー
そのまま捉《とら》えて
くれるんだよ
ツイてない
人生ままならない
あれできない
これできない
あっきらめたーー！
3-4 ひとみ
2-3 ケン太
1-3 太一

「そんな言葉しか
知らない人は
そんな人生よね…
ツイてるー
人生楽しいー
あれラッキー
これラッキー
やりとげるーー!!
そんな言葉を
いっぱい使ってる人は
きっと いい人生ね
すごく遠くからでも
会いに行きたいと思っちゃう
魅力ある人…
神さまも会いに来ちゃう
そんな人になりなさい
3-1 かほ
3-2 てつや

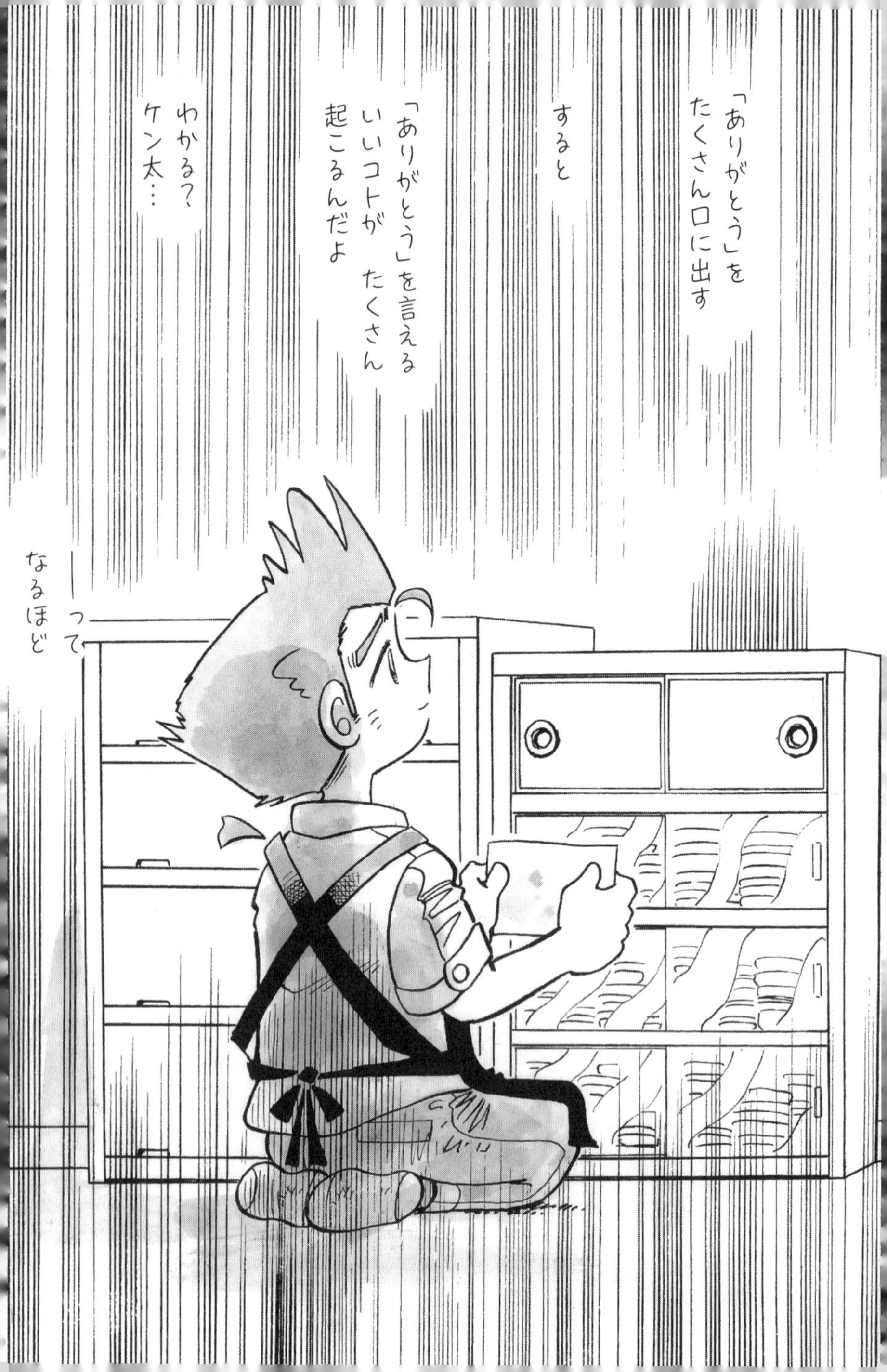
「ありがとう」を
たくさん口に出す
すると
「ありがとう」を言える
いいコトが　たくさん
起こるんだよ
わかる？
ケン太…
──って
なるほど

福の神さま……
また会いたいです……
1 いい天気でした
2 玄関の花が咲きましたー
3 ゆかいなお客さんいっぱいでした
おふくろ……
産んでくれてありがとう…
今 俺は
最高のあたり前に包まれているよ

このビー玉をのぞき――
小っちゃい頃――
逆《さか》さまの景色の中で願《ねが》った世界にいるよ…
みんなが幸せならいいな…
おもしろ――いコトやりたいなー――
楽しく生きたいなー
母ちゃんに楽《らく》させたいな

神さま……
どうかおふくろが元気になりますように…
ニコ
え?
まるで本物がそこで笑っているようだ!
ぴかーっ
あれれ――? 茶ダンスの奥の方が光って…

茶ダンスの
奥の奥から
出て来たのは
数枚の
古い写真…
一枚には
ケン太
6ヶ月と
書いてあった
福の神さまと
同じ字で…
ケン太
6ヶ月

人は――
魂がさまようと
人生で一番
楽しかった時の
姿になるという
……
おふくろ
太って…
え!?
福の神…
きっと
ケン太を産んで
うれしくって
うれしくって
うれしかった歳に
母は戻ったのだ
……
あ…
ああ…
ウソ…
おふくろが
福の神さま
だったの!?
……
うわぁ
ホント
…

ケン太君は
泣いた…
ビー玉ほどの
涙が
とめどなく
……
とめどなく
落ちて
はじけた…
おふくろ
おふくろ
おふくろぉー

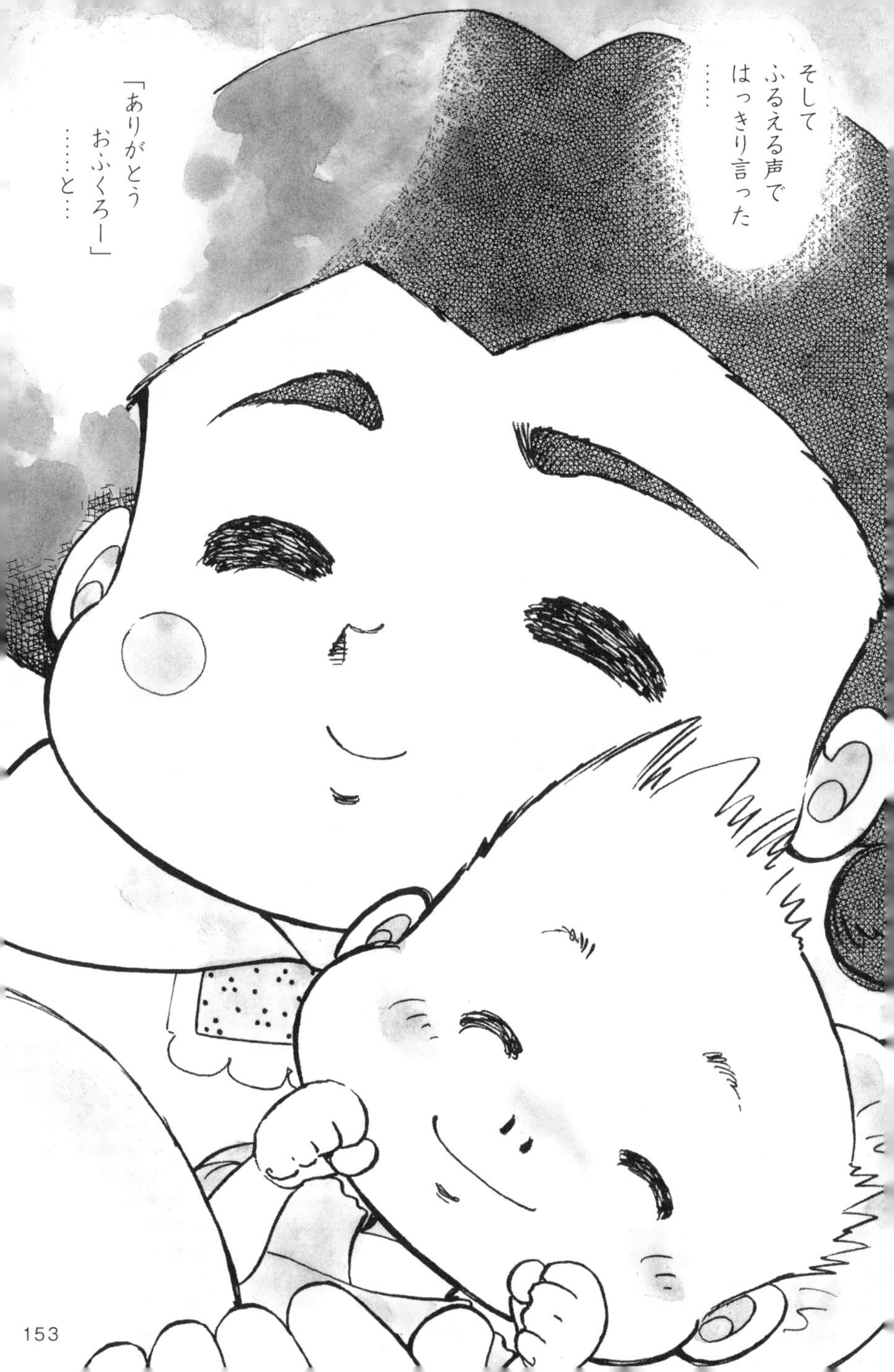
そして
ふるえる声で
はっきり言った
……
「ありがとう
おふくろー」
……と…

チチ…
チチチ…
とある中央病院
とある中央病院
いい天気だよおふくろ…
あらあら
何が見えるのかしら？

はい…
いろんな物が…
ウフフ
あ
あ…
カラカラー…
ああ――!
…はい?
あわわわ…

ぴょこん!
あれあれ…
ここは どこ…?
ほぇ?
せ…先生ぇ〜〜!

おふくろ…
なーんか
ふわふわ
飛んでた気が
するよ
あたしゃ…
おふくろ…
はぁ――
おなか
すいた…
おふくろぉ〜
ぶおおお
おおお―

ああ
あああ
ぽんぽん

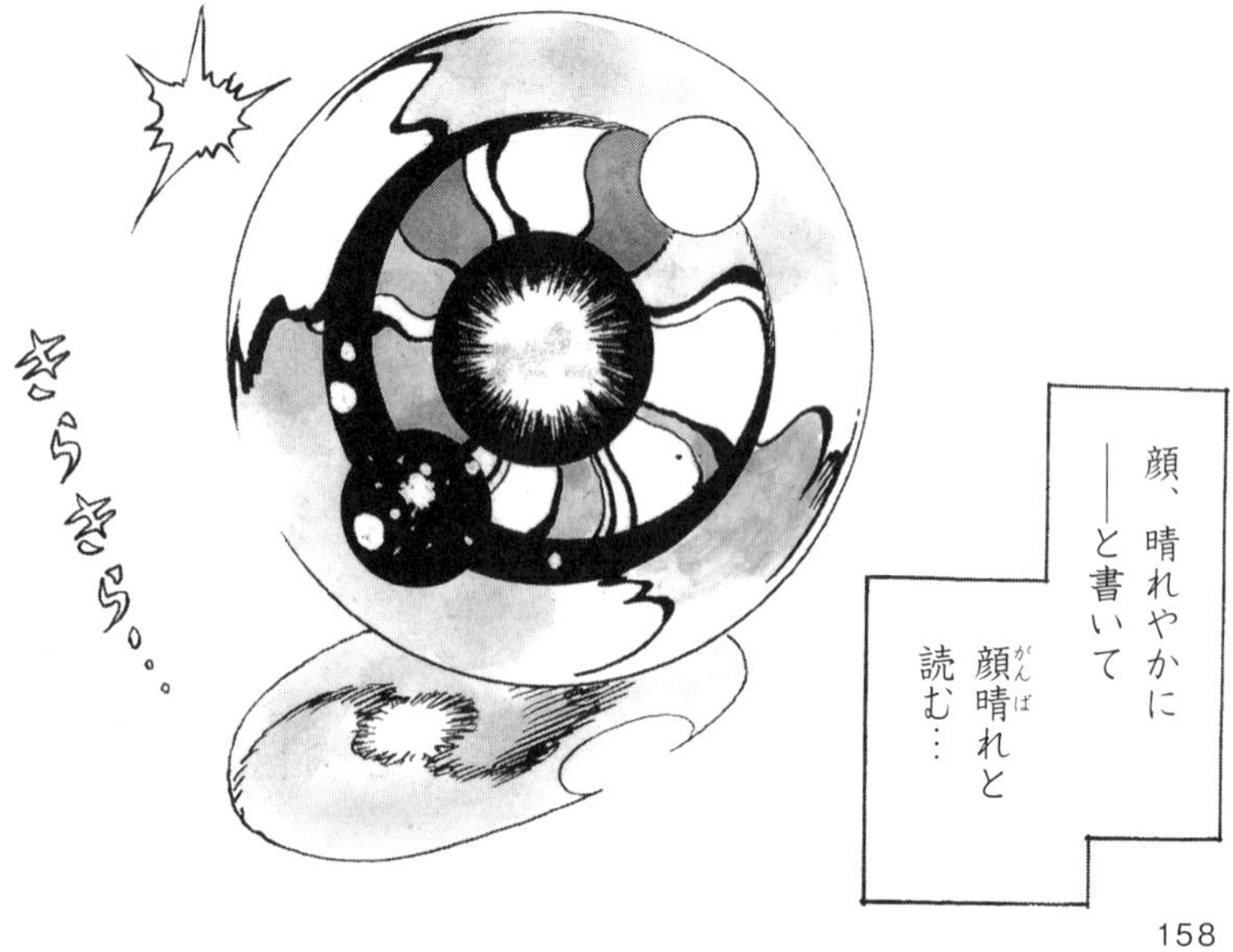
顔、晴れやかに
——と書いて
顔晴《がんば》れと
読む…
きらきら。。。

お母さんは元気になった……
さすがにお店には出られないが元気にリハビリを続けている……
え？
すべてがハッピーエンドなんて信じられないって？
いえいえ——
人はそれぞれハッピーエンドを信じて突っ走るべきなのです
恐れずおごらず元気よく——！
みんな顔晴《がんば》れ——!!

今なら良く理解《わか》るよおふくろ……
外側を飾る看板なんかより
お店の内側ではやる事がいっぱいあったんだね……
うん……そうね……
お店の名前考えてるうちにお客さんが勝手に言いだしたんだろ？
いい天気だね――
うん…気持ちのいい風だねぇ…

「あの ほら!
ポストから
三軒めの店——」
「あそこの店」
「おふくろんトコ」
「煮込みのうまいあの店」
「この前 飲んで
楽しかった店!」
「みんなが集合した店で
集合——!」
うふふ…♡
そうそう!
だから 店の名前
つけられなかったのよ
おふくろ…
元気になってくれて
——ありがとう…
あんみつ処

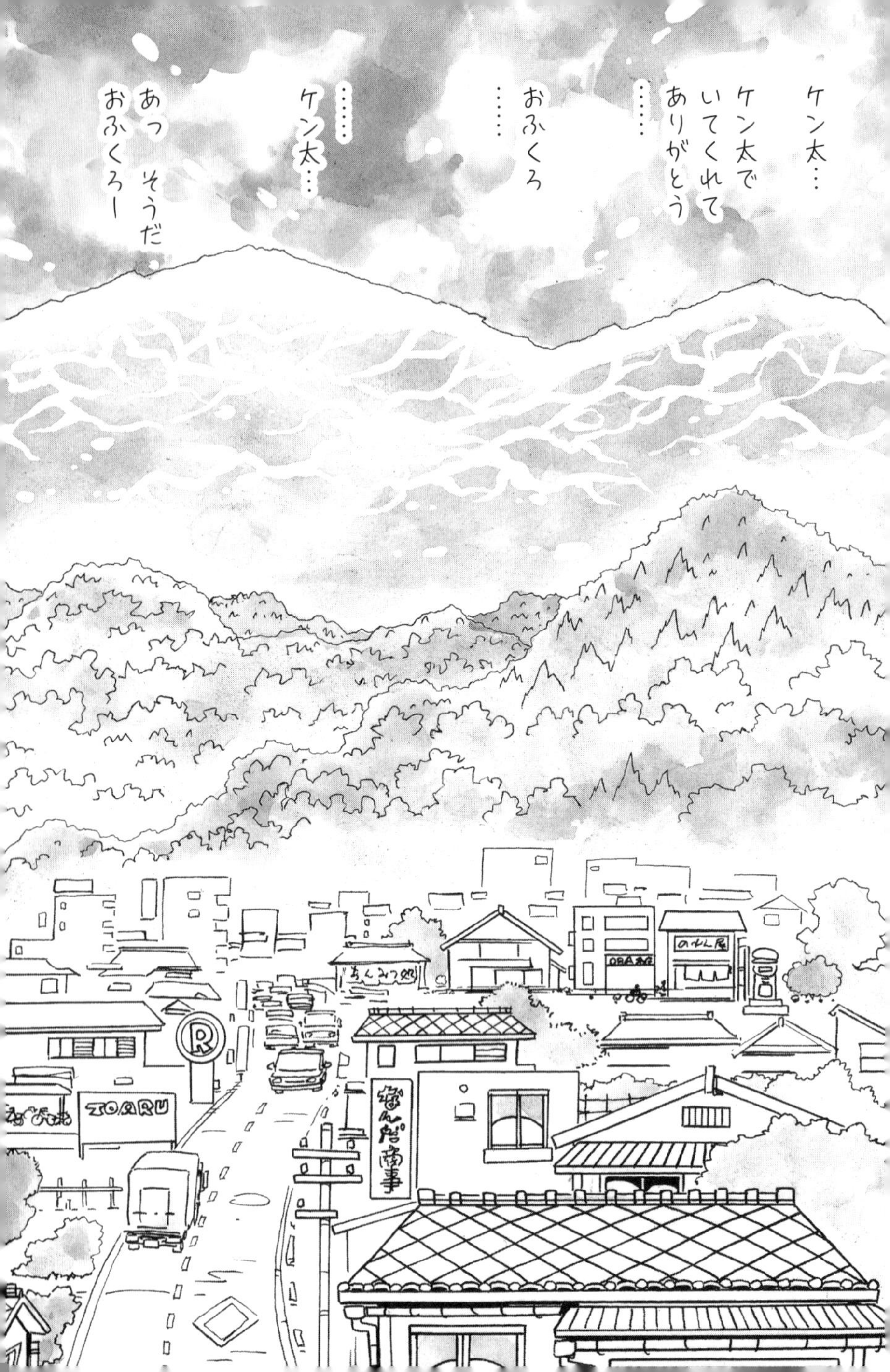
ケン太…
ケン太で
いてくれて
ありがとう
……
おふくろ
……
……
ケン太…
あっ そうだ
おふくろー
TOARU
なんだ商事

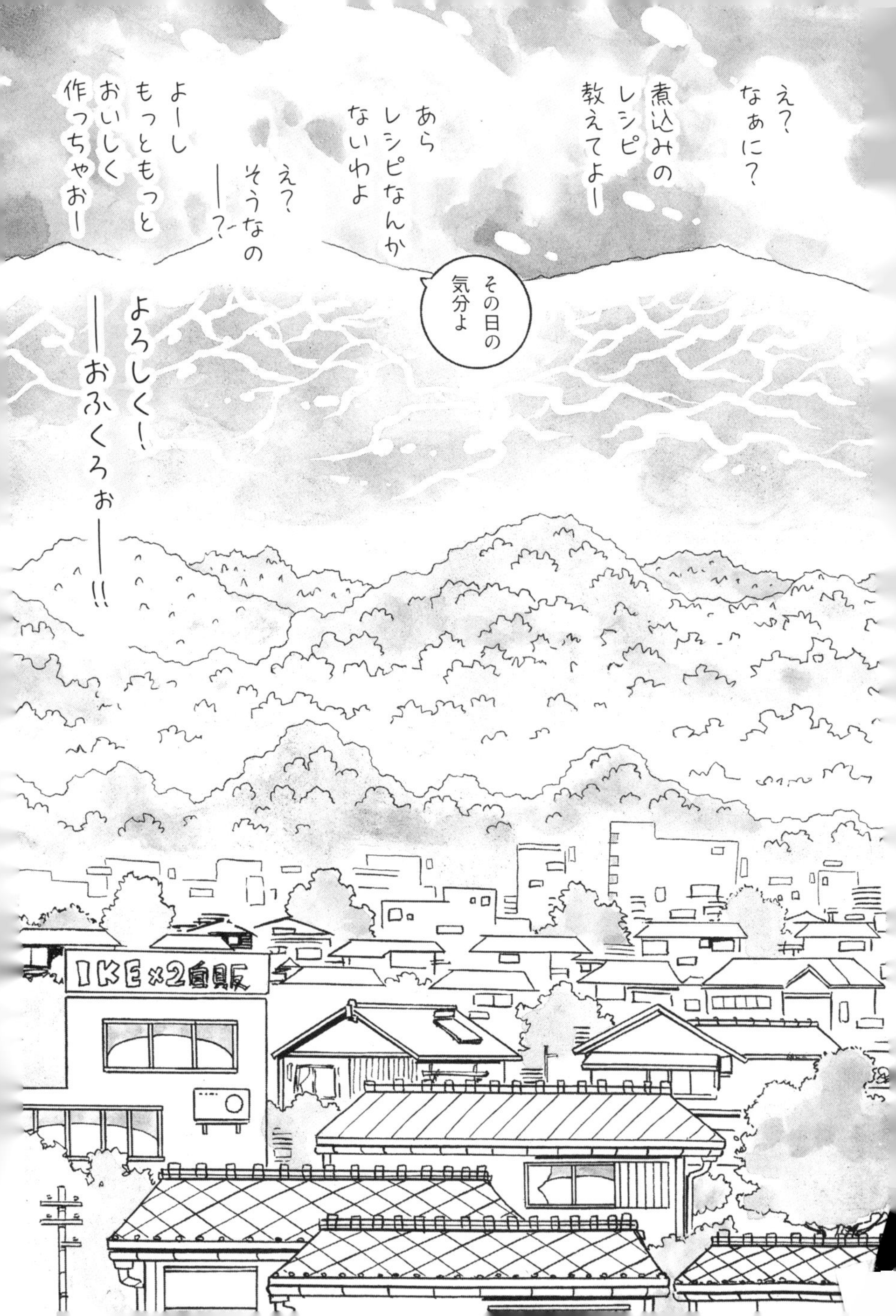

え？ なぁに？
煮込みのレシピ教えてよー
あら レシピなんかないわよ
その日の気分よ
え？ そうなの──？
よーし もっともっとおいしく作っちゃおー
よろしく！ ──おふくろぉ──!!
IKE×2魚販

福の神さまがケン太に教えた商売繁盛の課題

岡村佳明

課題に取り組むと人間も商売も変わる

まだ物語の途中ではありますが、ここまで『マンガ　看板のない居酒屋［成長物語］』はいかがでしたか？

本書は、拙著『看板のない居酒屋』（２０１３年3月刊行）から生まれたマンガです。このマンガの主人公であるケン太は、母親の小さな居酒屋を突然引き継がざるを得ない状況に直面します。

何から始めたらいいのかもわからないケン太。商売も母親の居酒屋もそれほど好きではありません。繁盛店だった居酒屋は、あっという間に閑古鳥の鳴く居酒屋に変わってしまいます……。

そんなケン太の前に突然現れたのが、なんと福の神さまと貧乏神さま（吸いとり神）。貧乏神さまは店の中でいたずらし放題。店内はひっちゃかめっちゃかになってしまいます。福の神さまは、貧乏神さまに消えてもらうための課題を出します。それは次のようなものでした。

「今日より毎日、一日の良かった事を三つ示せ」

ケン太は貧乏神さまに消えてほしいばっかりに、毎日、課題に取り組みます。するとと、不思議なことにケン太はどんどん変わりはじめるのです。

ケン太の成長によって、店も変わっていきます。すると自然とお客さんが集まってきてくれるようになり、いつしかケン太の居酒屋は閑古鳥の鳴く居酒屋から笑顔あふれる大繁盛居酒屋に変わっていました――。

皆さんもすでにお気づきだと思いますが、福の神さまがケン太に教えた「今日より毎日、一日の良かった事を三つ示せ」というのは、「商売繁盛の秘訣」です。

といっても、まだまだ若輩者の私が皆さんに偉そうなことを申し上げるのではありません。これは、私が人生の師から教わった「商売繁盛の秘訣」であり、私がこれまで商売を続けるうえで守ってきた大切な教えです。
ここでマンガの中で福の神さまが出した課題とケン太の成長、そして商売繁盛について、少しお話させてください。

今日あったいい出来事を3つ書き出す

この物語は、私が人生の師に教えてもらった「成長と成幸の法則」から生まれました。
この法則には多くの課題がありますが、最も大切な課題が「今日あった『いいこと』を3つ書き出す」ということです。

「今日あったいい出来事を3つ書き出す。もしくは、寝るときに3つ考えながら寝なさい。それを毎日、半年続けられたら、岡村くんの人生は変わってくるよ」

人生の師が、私に教えてくれた法則です。もう何年も前の話です。

そこで、私はすぐに始めてみたのです。

しかし初めは、何を書き出したらいいのかわかりませんでした。そこで、「いいことと は何だろう?」という自問自答から始めました。最初は「いいこと」=「ツイてること」、「いいこと」=「運がいいこと」だと思っていました。

しかし、世間で言うような、「ツイてると思えること」や「運がいいと思えること」などは、そうそう毎日起こるものでもありませんよね。平凡に過ぎていく日々のほうが、圧倒的に多いのです。

しかし課題は、どのような日であっても、いいことを必ず3つ書き出さなくてはいけないのです。書くことがなかった私は、無理矢理書き出してみました。

・今日も朝、目が覚めた。
・今日も、朝ごはんが食べられた。
・今日も、ビールがおいしく飲めた。
・今日も、ケガもせず病気にもならず元気に過ごせた。
・今日も、夜、暖かい布団で寝られる。

そんなあたり前のことを書き続けていました。

しかし、続けていたら、気づいてきたのです。

何気なく過ごしている毎日は、何もいいことが起きていないような日々の積み重ね。けれども、この毎日の「あたり前」こそが、本当は「いいこと」であり、「幸せ」なんだということに……。

「あたり前」をありがたいと考えられるようになると、感謝の心が大きくなり、人は成長できることに気づきました。

「自分がしている」という意識から、「自分はさせていただいている」という意識に変わって、感謝の気持ちと謙虚な心が、成長につながるのだと思えるようになりました。

「いかに喜んで帰っていただくか」を追求する

さらにこの物語は、私がおふくろに教わったこともとになっています。その中でも、今も私の指針になっているのが「いかに喜んで帰ってもらうか」ということです。

「お客さまにいかに来ていただくか」、それを考えることは大切なことかもしれません。しかし、「お客さまにいかに来ていただくか」ばかりを考えていると、宣伝や広告、大きな看板、チラシまき、安売りなどになってしまいがちです。

「大切なのは、初めてのお客さまにいかに来てもらうかではなく、一回来てくれたお客さまに、いかに喜んでいただくかなんだよ」

おふくろの口ぐせです。

「いかに喜んで帰っていただくか」を追求する——これこそが商売を追求するということなんですね。

「お客さまに来てもらうためにおいしい料理を考える、掃除をする、サプライズを考えるより、自分に会いに来てくれたから、おいしい料理でもてなそう、キレイにしておこう、驚かせようなんだよ」

おふくろに、いつも言われている言葉です。

お客さまに来ていただくために、おいしい料理を考える。お客さまに来ていただくために、お店の掃除をする。お客さまに来ていただくために、サプライズを用意する――。

どれも、大切なことかもしれません。けれども、もっと大切なことがあると思うのです。

・まずは好かれる自分、会いに来てもらえる自分になる。
・今日はあの方が来てくれるから、おいしい料理をつくって待っていよう。
・今日はアイツが来てくれるから、しっかり掃除しておこう。
・今日はあの子が来てくれるから、驚かせちゃおうかな！

こんなふうに考えられたら、商売はつらいものではなく、楽しくて仕方なくなります。

商売では、少しの考えの違いが、やり方の違いに大きく出るのです。

「会いに来てもらえる自分になって、おいしいもんをつくって今日も待っていよう」

こう思うから、宣伝より口コミを大切にしています。

大切な人や、彼氏や彼女が自宅に会いに来てくれたら、笑顔でお出迎えとお見送りをしますよね。腕によりを振るっておいしいもんをつくり、おもてなししますよね。

その感覚と一緒です。お客さま一人一人を、自分の大切な人だと思い、おもてなしができたら、きっとお店は繁盛します。

「いいかい、ていねいな接客といい接客は違うんだよ」

これもおふくろの言葉です。

「楽しんでくれてるかな」――この気持ちが一番の接客なのだと思います。この気持ちが気づかいや言葉、態度にあらわれます。

サービスとおもてなしは別のものだと思います。サービスは、もしかしたら気持ちや心がなくても、社交辞令・マニュアルなどでできることかもしれません。

しかし、気持ちと心が入っていなければ、おもてなしにはなりません。「サービス」に気持ちと心が入ったもの、それが「おもてなし」というものではないでしょうか。

「たくさんあるお店の中から、うちのお店を選んでくださってありがとうございます」

「来てくださってありがとうございます。ゆっくり楽しんでいってくださいね」

この気持ちです。

「お腹いっぱいだけど、来ちゃったよ……」

お客さまにそう言ってもらえたら、やっと一人前だと思っています。

お客さまがわざわざ高いお金を払ってでも来てくれた理由を、とことん考えることが大切だと思っています。

景気の良さは自らがつくるもの

「自分のお店にお客さまが来てくれない」

「売上が減っている」

このような悩みをお持ちの方が増えているようです。

うまくいかないときこそ、「どう捉えるか」「どう考えるか」「どう解決するか」「どう行動するか」。つまり、「自分がどうするか」が大切だと思っています。

・近くに同業者がオープンしたから、売上が減った。
・世の中の景気が悪いから、売上が伸びない。
・町に活気がないから、お客さんがいない。
・天気が悪いから、繁盛しない。

売上が減ったり、繁盛しないことを他人のせい、世の中のせいにしていたら、課題を解決することはできません。現状が良くなることはありません。うまくいかない理由を自分以外のせいにしていたら、いつまでたっても成長はありません。

「自分の努力が、まだ足りないから」

「お客さまを、まだ喜ばせていないから」

このように、うまくいかない理由の矢印を自分に向けて考えてみる。どんなときでも、自分に責任があると考えると、やるべきことが見つかるものです。行動することで成長できます。

うまくいかない理由を他人のせいではなく、自分の中に原因を探して解決しようとしていると、チームワークも良くなります。チームのみんなが自分にできることを探して実行すれば、お互いをフォローし合いながら、全員が成長することができます。

あなたの魅力が最高のスパイス

舞台だけがステージではありません。舞台もお店も職場もステージです。歌手やダンサーだけがステージに立っているのではなく、私たちすべてがステージの上に立っているのです。

お店で輝いて見える人は、必ずこう思っているものです。

「ここは、私のステージ」

「ここは、俺のステージ」

皆さんはどうでしょうか？

・お店なのか、モノを売る場所なのか、作業場なのか、それともステージなのか。
・生きるために仕方なく働くのか、輝きたいと思いながら働くのか。

自分の意識次第で、人としての輝きが変わってくるのです。

人が一生懸命に働いている姿は、カッコいいものです。そして人は、見られていると感じると成長するものです。さらに、「魅せている」という意識を持てば、その姿はもっともっとカッコ良くなります。

カッコいい人とは、カッコいい考え方をしている人だと思います。素敵な人とは、素敵な考え方をしている人だと思います。内面は外面にあらわれるのですね。

「どんな料理も最後のスパイスはあんただよ……。あんた自身なんだよ」

おふくろの口ぐせです。

どんなにおいしいラーメンも、寒空の下、大好きな人と二人っきりで食べるカップラーメンにはかなわないでしょう。どんな繁盛店の肉じゃがも、大好きなお母さんの肉じゃがにはかないません。

お腹を満たすおいしいものをつくれることは素晴らしいことです。しかし、お腹だけではなく、心を満たすおいしいものをつくれたら、もっといいと思いませんか？　それには「あなた」というスパイスが必要なのです。

あなたの魅力にかなうスパイスはありません。あなたが他の誰にも代えられない、特別な人になればいいのです。

こう言うと、「特別な魅力を高めるためには、何か特別なことをしなくてはならないのではないか？」と言う人がいます。

しかし、そうではありません。最初から特別な人がいるわけではありません。

誰でもできることを誰もできないくらいする。あたり前のことを、徹底的にやる。その積み重ねで、特別な人になっていくということなのです。

自分を特別な人につくり上げていくのです。そうすると、人から「一流」と言われるようになっていきます。

・皿洗いの担当になったら、誰よりもきれいに洗い、美しく拭くことを目指す。

・生ビールを美しく、おいしく入れる日本一を目指してみる。

このようなことでいいのです。何もできなければ、最高の笑顔でお客さまをお出迎えすることから始めてみてください。すべては、そこから始まります。

毎日のあたり前を徹底的にやれば、あたり前ではなくなります。

思いが変わると、言葉が変わり、行動が変わり、見た目が変わり、人生が変わっていきます。身近な人から、「最近、変わったよね」と言われることも増えてくるでしょう。

「あの人に会いたい」

そう思われる魅力がどんどんついて、いつのまにか、特別な人になっていきます。

良い人生は良い言葉から始まる

身体は「食べ物」でつくられます。

食べ物は、多くの人が気にしています。カロリー、栄養、糖分やビタミンなど、食べ物で身体が変化すると知っているからです。

では、心はどうでしょう？

私はこう思っています。

心は「言葉」でつくられます。

食べ物に比べて人に対する言葉使いや、口から発する言葉を気にしている人は少ないのではないでしょうか。心は言葉でつくられているのだとわかっている人が少ないからだと思います。

マイナス言葉、愚痴、不平不満、悪口を言いながら、いい人生を送っている人や成功した人はいないと私は思っています。

「良い人生になったから良い言葉を言うようになった」のではなく、「言葉が良かったから良い人生になった」のです。

・良い言葉が良い心をつくる。
・良い心が良い行動をつくる。
・良い行動が良い習慣をつくり、良い習慣が良い人生をつくる。

マイナス言葉は、自分の口から出て、自分の耳に入ります。しかも、ダイレクトに強力に入ります。「ツイてない」「運が悪い」「ダメだ」「キライ」「ダサい」「疲れた」「ムリだ」「どうせ」「あ〜あ」「むかつく」「まずい」……。

このようなマイナス言葉を口にする習慣は、1日何回も何十回も自分でマイナスのイメージトレーニングをしているのと同じです。

逆に、プラスの言葉を口に出すことは、プラスのイメージトレーニングをしてるのと同じです。「ツイてる」「運がいい」「ありがとう」「いいぞ!」「いけてる」「すてき」「大好き」「楽しい」「できる」「いいね〜」「サイコー」「ガッツだね」「かわいい」「カッコいい」「おいしい」……。

毎日使えば1年は365日です。1日10回プラスの言葉を使ったとして3650回。1日20回使えば7300回。これだけ続ければ、心が変わります。
すると、人生が変わるのは、あたり前の道理なのです。
以下は、私の大好きな小林正観さんの言葉です。

「神様」は「その人が発した言葉」に反応して、「その言葉を、また言いたくなる現象」を起こします。言ったことが叶うのではなく、「言った言葉をまた言いたくなるように神様がセットするらしい」というのが、私が掌握した「宇宙の法則」です。

「神様」は、「その人が好きな言葉」を認識し、「その人がまた言いたくなる」ように働きかけているだけです。であるならば、「嬉しい、楽しい、幸せ、愛している、大好き、ありがとう、ついてる」といった「喜びの言葉」(私はこれらの言葉を、七福神ならぬ「祝《しゅく》福神《ふくじん》」と名付けています)を口にしたほうが「得」です。

小林正観『ありがとうの神様』ダイヤモンド社

まさに、良い人生は良い言葉から始まるのです。

居酒屋づくりは人間形成の場

人を愛し、自分を愛し、夢を愛し、たくさんのことに感謝する。「感動する」とは、自分が大切にされていると感じることだと思います。

お客さまに感動していただける店になるには、お客さまを心の底から大切に愛すること。そのことでしか、できません。

愛する人のためだから、かゆいところに手が届き、どうしてほしいかがわかります。多くの気づきが生まれます。アイデアも生まれます。これが、本当の「おもてなし」ではないかと思うのです。

調理や接客の技術は、訓練や経験で上達します。しかし、愛の伴わない技術は人を驚かすことはできても、人の心を温めることはできません。

赤ちょうちんのぼんやりとした灯りと、心地よい揺らぎの奥に、人の温もりを求めていた昭和の時代。あの頃のような、感動と心の温もりを感じていただきたい……、そんな居酒屋でありたいのです。

お客さまに満足を超えた感動を提供して、スタッフの学びの場であり続ける。それが居酒屋の原点であると、私は思っています。

すべては「させていただいていること」

人は一人では生きていけません。どんな人でも必ず誰かに助けられて、誰かに支えられて生きています。

商売も、お客さまがいらしてくれなければ成り立ちません。スタッフがいてくれなければ、お店も会社も成り立ちません。仕事がなかったら働けません。もっと言えば、水や空気がなかったら、人は生きていけません。

・「商売をしている」なのか、「商売をさせていただいている」なのか。
・「働いている」なのか、「働かせていただいている」なのか。
・「生きている」なのか、「生かしていただいている」なのか。

「自分はしている」ではなく、「自分はさせていただいている」なのですね。

このことに気づくことができたら、「感謝」を知り、成長があります。人生が大きく変わりはじめます。

「させていただく」という気持ちからは、周囲との調和が生まれます。独りよがりな言動や行動は生まれません。

人は生まれてから、お母さん、お父さん、おばあちゃん、おじいちゃんをはじめとして、まわりの人に大切に育てていただけます。小学生になり、中学生になっても、まわりの大人たちは自分を中心に考えてくれて育ててもらえます。

多くの人は、自分がいて、まわりがいると思って生きていきます。

大人になっても、そう思って生きている人もいます。しかし、それでは心の成長は遅くなります。

「すべてはあたり前」と思って生きていると、感謝の気持ちが少なくて、そこに成長はありません。

けれど今、自分がこうして生きて生活できているのは、両親が産んでくれて大切に育ててくれたおかげ、たくさんのまわりの方々のおかげだと気づくと、感謝の気持ちが芽生えて人は成長します。

「自分がいるからまわりがある」という考え方から、「まわりの方々のおかげで自分が存在できる」という考え方になれると、人は成長します。

「自分はしている」という考え方から、「自分はさせていただいている」という考え方になるということです。

すべては「させていただいていること」なのです。

職場の地位や役職も、威張るためや偉ぶるためにあるのではありませんよね。スタッフを育て、支え、守るためにあるのだと思います。その気持ちに気づけたら、周囲に感謝して、素直に他人の言葉を聞き、成長していくことができるはずです。

「感謝する量」と「感謝される量」は比例しています。

それだけではありません。

「感謝の量」と「売上の量」も比例しているのです。

ですから、感謝はいくらしても、しすぎるということはないのです。

「感謝には3つのステージがあって、その段階によって魂と人格が変わってくるんだよ」

人生の師に教えていただいた言葉です。

第1のステージは、「与えてもらったとき」で、自分が誰かに「ありがとう」を言うステージです。

第2のステージは「自分のあたり前」を、「あたり前ではなく、ありがたいこと」と思えるステージです。大半の人が思えるステージでしょう。

第3のステージは、「自分にとってつらいこと、苦しいことを、これは意味があると解釈できる」ステージです。

感謝のステージを上げていく。そのことを大切に考えています。

自分が輝くと同時に誰かの輝きを支える

人は、どうしても陽の当たる場所に立ちたいものです。花を咲かせること、輝くこと、主役になることを考えがちです。誰かに、認められたい、褒められたい、誰かよりも優秀だと言われたい……。人は認めてほしい生き物なのです。

でも、忘れてはいけません。しっかりした「根」があるから、美しい「花」が咲きます。スタッフの「支え」があるから、アーティストの「輝き」があります。「助演さん」の演技があるから、「主役」が引き立ちます。

「人はね、顔のお手入れには敏感だけど、支えてくれている足のひらのお手入れには鈍感なんだよ」

DVD『おかげさま』林覚乗和尚

世の中には、太陽と月、昼と夜というように、陽と陰があります。それが道理です。自分の魅力を輝かせることと同時に、誰かの魅力の輝きを支えることも大切です。誰かに支えられていると感じることも大切です。

陽と陰の両面をしっかりと学ぶことが大切なのです。

面倒なことほど笑顔でコツコツとやる

いつも配達してくれる酒屋のお兄ちゃんも、隣のブティックのお姉ちゃんも、郵便配達のおじさまも、コンビニのレジで働いているおねえさまも、ときどき出てくる神さまも(笑)、お客さまだけがお客さまではなく、自分のまわりのすべての方々は、お客さまになってくれる可能性があるのです。

「お客さまだから大切にする」ではなく、「まわりの人を喜ばせて生きているからお客さまになってくれる」なんですね。人もお客さまも神さまも、温かくて、楽しくて、自分を受け入れてくれるところに集まってきてくれるのです。

「私一人喜ばせることができなくて、お客さまを喜ばせることなんてできないよ」

おふくろの言葉です。

商売繁盛に、必殺技やウルトラCはないのだと思います。もし、それが存在していたら、みんな簡単に繁盛店になり、この世の中は繁盛店だらけのはずです

なぜ繁盛店と、そうでないお店があるのでしょうか？

その理由は、「お客さまが喜んでくれる小さなことをいくつできるか」「お客さまが喜んでくれる小さなことをいくつやっているか」に尽きると思います。

もしかしたら、お客さまが喜んでくれる小さなことをたくさんやるということは、お店にとっても自分にとっても、面倒なことかもしれません。

「自分のために面倒なことをしてくれた」

こう思ってもらえることが、お客さまの喜びと感動につながるのだと思います。

頼まれた仕事は、どんな面倒なことでもすべて笑顔で引き受ける。お客さま以外の人を喜ばせてみる。雨の楽しみ方を考えてみる。

面倒なことをコツコツやるほど、商いの力がついていきます。

誰も見ていないと思っても神さまと自分は見ている

苦しくても一度決めたことをやりきることは、将来の宝物になります。

スポーツも勉強も仕事も、どんなことでも、苦しくてもつらくてもやりきったことは、誰かが見ていなくても、誰かが褒めてくれなくても、自分だけはわかっています。

何かにチャレンジしようと思ったとき、挫折しそうになったとき、悩んだとき、苦しいとき、その経験を思い出して、自分に力を与えてくれるのです。やりきることが、将来の自信になるのです。

「俺、あのとき、あきらめずに頑張ったじゃん」

「俺、あのとき、あきらめずにやれたじゃん」

「俺、あのとき、あきらめずにやりきったじゃん」

ゲームやスポーツも、最初からうまくいく人はほとんどいません。障害や壁を乗り越えるからこそ楽しいのです。仕事や人生も同じです。

バンカーのないゴルフ、カーブのないレース、いつもパーフェクトのボーリング、いつも入れ食いの釣り、ババのないババ抜き（笑）……。これでは、あまり面白そうではないですよね。

壁をどう乗り越え、克服し、どうしたらうまくいくかを考える。その壁の向こうには、感動と喜びがあるのです。

人間とはさまざまな困難を乗り越えるほどに、成長していくものです。誰も見ていないと思っても、自分は見ています。あなたの頑張りを、あなたの意識は覚えています。ですから、あなたの頑張りは、こだまのように自分に跳ね返ってくるのです。

自分を見ているのは自分だけではありません。神さまは、しっかり見てくれています。

あなたの頑張りを、必ず応援してくれています。


「悩みは、心の筋トレだよ」

人生の師の言葉です。身体だけでなく、心も鍛えなくてはと思います。

くつを揃える

努力には2つの努力があると教えてもらったことがあります。「オモテの努力」と「ウラの努力」です。

「オモテの努力」とは「腕を磨く」ということです。

飲食業であれば、「料理の腕を上げる」とか「日本酒の知識を深める」「ワインの知識を深める」「魚の種類を覚える」「野菜の種類を覚える」「接客を勉強する」「おもてなしを勉強する」など、技や経験のことです。

この「オモテの努力」は、プロだったらあたり前の努力です。

プロと言っても、Jリーガーやプロ野球選手などといったスポーツの世界だけではありません。

お客さまに1円でもお金をいただく以上、仕事とはみんなプロなのです。「僕はアルバイトだからいいや」とか「給料が安いからその分だけ働けばいいや」ではないのです。お客さまから少しでもお金をいただくのはプロなのです。

アルバイトさんでも新入社員さんでもベテランさんでも、お客さまから見たらお店の一代表です。

「オモテの努力」は、プロであれば「必要な努力」です。ひたむきな努力をしているサッカー選手や、プロ野球選手をファンは放っておきません。私たちの仕事も同じです。

しかし、「オモテの努力」だけでは「人間力」はなかなか高まりません。人に見てもらえなくても、認めてもらえなくてもやるというのが「ウラの努力」です。

「ウラの努力」とは、わかりやすく言えば「心を磨く」ということです。「オモテの努力」と同じくらい、いやそれ以上に「ウラの努力」は成長のために必要だと思っています。

なぜなら、毎日の積み重ねの中で、忘れがちになってしまうのが「ウラの努力」だからです。

・くつを揃える
・あいさつは大きな声で自分からする
・掃除をする
・笑顔でいる
・整理整頓する
・ものを揃える
・返事は「ハイ」とはっきり言う
・良い言葉を使う
・謙虚でいる
・感謝する

私たちが子どもの頃、おばあちゃんやお母さん、近所のおじさん、おばさんや、学校の先生に教えてもらったことばかりです。毎日をより良く気持ち良く生きる努力が「ウラの努力」です。

時代が移っても、何百年前であっても、何百年先であっても、絶対変わらないもので、人間にとって大切なものです。その追求が「ウラの努力」です。

きれいな花を咲かせるための努力が「オモテの努力」だとしたら、強い根を張るための努力が「ウラの努力」だと思います。

植物の根は、土の中にありますから見えません。しかし、深く広く土の中に伸びていて、水分や栄養分を吸収しています。

強い根を張ることができたら、たとえ台風で花や幹がなぎ倒されても、何回でもきれいな花を咲かせることができます。逆に、根が腐ると死んでしまいます。

何が起きても揺るがない、強い根づくりこそが「ウラの努力」なのです。

・「オモテの努力」は「人気」につながります。
・「ウラの努力」は「人望」につながります。

時代にマッチしたら、一時的に「人気」が出るかもしれません。しかし、人気は一瞬です。一生続くものではありません。人気におごって威張ったり偉そうにしたりしたら、すぐに人気は下がってしまいます。

「人気」に比べて、「人望」は一瞬ではなく一生です。「人気」が「手段」「やり方」だとしたら、「人望」は「在り方」「考え方」です。その人、自身です。

「人望」という強い根を張ることができたら、時代がどう変わろうとも、きれいな花をずっと咲かせることができるのです。

子どもの頃、祖母によく言われました。

「くつを揃えなさい。くつを揃えるといい人生になるよ」

正直に言うと、その当時の私は「面倒くさいな……」と思っていました。でも今なら、その大切さがよくわかります。

・くつを揃える　→　心を磨く　→　人間力がつく　→　いい人生になる

たかが「くつを揃える」、されど「くつを揃える」なのです。

・自分のくつを揃えない人がいます。
・自分のくつを揃える人がいます。
・まわりの人たちのくつも揃える人がいます。

人望のあるお店になるためには、「人間力」が絶対に必要です。その第一歩は、「くつを揃える」から始まります。

「誰でもできることを誰もできないくらいやる」。それが一流に近づく道なのではないかと思います。

くつを揃えることを通して「ウラの努力」が身につくと、気づくことがあります。それは、「自分は大人になったからくつを揃えた」ということではなく、「くつを揃えたから大人になれた」ということです。

「成長したからくつを揃えるようになった」のではなく、「くつを揃えるようになったから成長できた」という思いです。

「ウラの努力」が身につくと、たくさんのことに気づきます。

私もたくさんのことに気づけました。

・好きだからやるのではなく、本気でやるから好きになるんだな。
・楽しいから笑顔になるのではなく、いつも笑顔だからいいことが起こるんだな。
・大好きだから大切にするのではなく、大切にするから大好きになるんだな。

「ウラの努力が必要なことはわかったけれど、何からやっていいかわからない」

もし、そう感じている方がいるとしたら、まずは「くつを揃える」ことから始めてみてください。

小さな「ウラの努力」が、人生に大きく素晴らしい変化をもたらす奇跡を、きっとおわかりいただけるはずです。

――長々とお話してしまいましたが、ケン太はその後、どうなったでしょう。引き続きご覧ください。

ウィウィ
わはは
さて！
ウィウィ
数年後の
ケン太君で
あります
いまだに
毎日きちんと
三つのいいコトは
欠かしません
大繁盛の
店内で
あります――

スタッフも
一人 二人と
増え
天井知らずの
勢《いきお》い――
そして
奥の
特等席
には――
ぎゃははー
あっちいけー
ビールおつぎしまーす♡
STAFF
――名も知らぬ
彼女が…
煮込み
おいしー♡
ちょこん…
かなり
通い慣れた
感じでは
あるのですが
大入

いまだに会話なし——!!
大入
まったくじれったい二人であります
店長ォー彼女かわいそーですよー!
じゃっじゃっ
あ…
あのー
×ポン
へイ!
あ こりゃ駅前の焼鳥「×《ペケ》ポン」さん
いらっしぇい!!

ちょっと聞きにくいんだけどいいかな〜〜?

ヘイ! なんでも——

あのさ どうやったらこんなに繁盛できるの——? なんかコツあるのー?

店名の×《ベケ》ポンってのが悪いのかなァ〜〜?

——? えーと…… 別にこれと言って
はて さて……

人様にお教えするようなコトは何もしてはいないんですが〜〜

まず吸いとり神さまが出てきて… あ… いや… 言っても信じてもらえぬコトばかりだし…

う〜〜ん……

いや そんなに悩まないでよ ゴメン 聞いた俺が悪かった…

店名の×《ベケ》ポン変えるわ
うん…

じゃあ

きれいな
靴の並べ方
――
お教え
いたしま
しょう！
は？
？

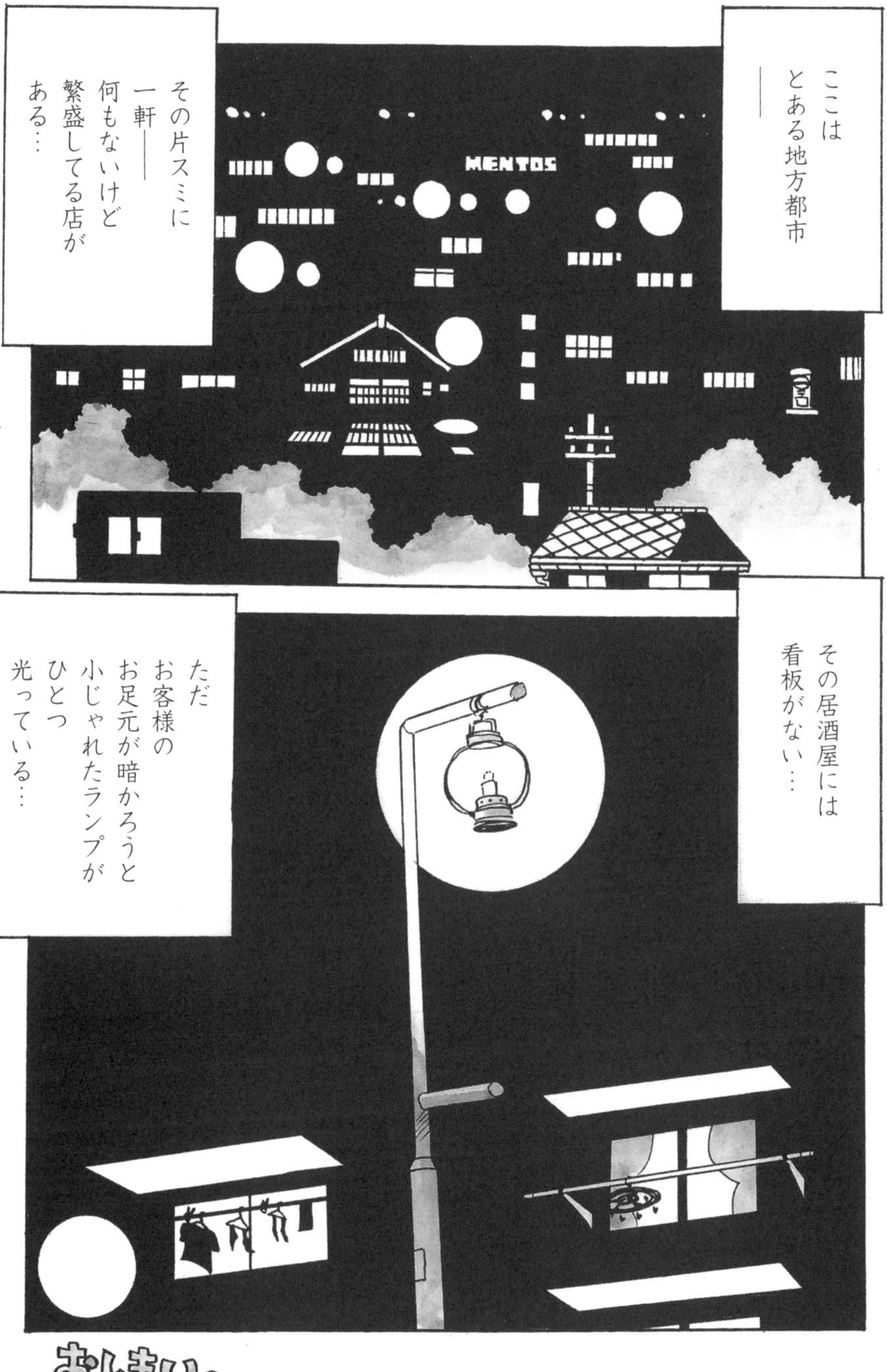

ここはとある地方都市――
MENTOS
その片スミに一軒――何もないけど繁盛してる店がある…
その居酒屋には看板がない…
ただお客様のお足元が暗かろうと小じゃれたランプがひとつ光っている…
おしまい。

あとがき――――みやたけし

長い間、商業マンガの仕事が取れず、私もこのマンガの主人公・ケン太と同じようにふてくされていました……。

しかし、ひとつひとつ小さな仕事を大事に丁寧にやってきた中で、いつかはマンガにしたかった、命を途《と》した忍者の話『風の朱々丸』と、監督から見た弱小サッカーチームの話『炎のストライカーズ』を電子書籍で連載しています。（検索よろしく ^D^）

遊びでも手を抜かずやってきて、御前崎でウィンドサーフィンを命がけでやっていました。そのときに知り合ったのが、ぶんぶんにぶっ飛んでいた岡村氏であります。

そして今、このマンガを二人で描くことができました。大変満足のできる本になり、うれしい限りであります。

昔…40年も前の私は、忙しい商業マンガの仕事に追われながら…ひとりで好きなマンガを誰にも指図されずに自由に描きたいなァ……と願っていました…。

それは現実になり、まるで福の神さまが叶えてくれたかのような気分になっております。

これからも大切なマンガを描き続けたい――。

――心からそう思う自分であります。

秋晴れの午後　日だまりにて

おわりのごあいさつ

岡村佳明

最後までお読みいただき、ありがとうございました。

『マンガ　看板のない居酒屋［成長物語］』、お楽しみいただけましたでしょうか？

ちょっと笑えて、ちょっと情緒があって、ちょっと感動して、ちょっと学べる……。居酒屋の喜びと楽しさ、飲食業の喜びと楽しさ、そして人生の喜びと楽しさを感じていただけるマンガに、みやたけしさんが仕上げてくれました。

主人公のケン太のモデルは、私なのかもしれません。

だとすると、福の神さまのモデルは、きっと私のおふくろです。

私は、母親が67年前に始めた居酒屋を23歳のときに不純な動機で手伝うことになり、居酒屋の道に入りました。

その後も居酒屋より趣味に全力を投じて過ごしていたのですが、あるとき、おふくろの深い想いに触発されて、35歳にして本気で居酒屋経営に取り組むようになりました。

商売にとって大切なものは、すべておふくろから学んできたように思います。

そんなおふくろの教えの中で自分の指針となったのが、「あんたが好かれる人間になったら、周りの人は寄ってきてくれるんだよ」という言葉でした。

実に何気ない言葉です。

ですが、私は「そうか！」とひらめきました。商売繁盛を考える前に、いかに自分が好かれる人間になるか、つまり自分繁盛を考えることが大事なのだと気づきました。

このときから、「自分自身がどう繁盛するか」が、私のテーマになりました。

岡むら浪漫で働くみんなには、腕を磨く以上に心を磨いてほしいと思っています。また、そういう場でありたいと考えています。

お料理やお酒や接客を学ぶ場であると同時に、人を喜ばせる力、愛される力、生きていく力をつける「人間形成の場所」でありたいと思うのです。他人の喜びを自分の喜びにできる人づくりに、これからも邁進していきたいと思っています。

昔から、「お客さまは神さまです」と言われてきました。この物語には、福の神さまだけでなく、貧乏神さまやいろいろな神さま、そして多くの人たちが登場します。そして、そのすべての出会いから、ケン太は学び、成長していきます。

私は、すべての出会い、すべての出来事は神さまがくださったプレゼントだと思っています。

岡むら浪漫の居酒屋各店をいつも愛してくださる方々、

『看板のない居酒屋』を読んでいただいた方々、

私のFacebookにいつも「いいね！」をしてくださる方々、

初めてこの本で私を知ってくださった方々、

少しでも、皆さまの人生や仕事にお役に立つことができたら嬉しく思います。

ありがとうございました。

参考資料・文献・サイト

林覚乗和尚　ＤＶＤ『おかげさま』
小林正観『ありがとうの神様』ダイヤモンド社
金子みすゞ記念館　ウェブサイト
http://www.city.nagato.yamaguchi.jp/site/misuzu/
伊勢神宮　ウェブサイト
http://www.isejingu.or.jp/

「大好きだから大切にするのではなく、
大切にするから大好きになる」
今、一番大切なことを教えてくれる物語です。

作家／幸せの翻訳家／天才コピーライター **ひすいこたろう**

どの業種にも時代にも通じる内容なので、
この本を読み、あらためて色々と
実践してみたくなりました。

天井画絵師／心学研究家 **斎灯サトル**

あまりの感動で、原稿を読み終えたあと、すぐに100冊
予約しました。この本には、誰でも簡単に「奇跡」を
起こせる答えが書いてあります。

さくらグループ代表 **尾形幸弘**

あたり前に感謝することの大切さを思い出しました。
「人はひとりでは成長できない。
たくさんの方々のおかげ様で今があり、未来がある」
そう感じさせてくれた本です。

株式会社ＨＳコーポレーション **星野修**

この本は、本当に面白い!
商売繁盛の秘訣が詰まっている最高の教科書です。
居酒屋業界だけでなく、すべてのサービス業界の方、
特に経営者の方に読んでいただきたい一冊です。

株式会社てっぺん代表取締役
一般社団法人日本朝礼協会理事長
人間力大學理事長
大嶋啓介

私たちはこの本を応援しています！

（順不同）

著者岡村佳明氏と漫画家みやたけし先生の、おふたりの心の奥底にある魂の一致を見ました。ゆえに、読む人の魂の振動を起こさせるのに疑いがありません。これは奇跡的な一致と言っていいのではないでしょうか。

「読書のすすめ」店主 **清水克衛**

初めてお会いしたとき、お酒を飲みながらとても心に響く感動的なお話をしてくださり、僕は涙をポロポロ流して聞いていました。それ以来、岡村さんファンの一人です（笑）。感動と学びのエキスいっぱいの本を、世に出していただきありがとうございます。

ブログ・メルマガ
「魂が震える話」発行 **けい＆ゆう**

「良い人生は良い言葉から始まる」という言葉に共感しました。考え方や捉え方はスポーツの世界でも大切であり、アスリートにも参考になる一冊です。

プロサッカー選手 **村田和哉**

人は何のために働き、何のために仕事をするのか？　働くことの意味と価値、そして喜びや楽しみを見失わない事が大切。本書はそれを明確にしてくれる感動作。社会人から子どもまで全ての人に読んで欲しい一冊である。

株式会社サンリ代表取締役社長 **西田一見**

漫画家プロフィール

みやたけし

1959年生まれ。香川県琴平町出身。
生まれつきマンガが好きで、小学3年生から漫画家になることを目指す。そして、1978年に『週刊少年ジャンプ』の手塚賞に『マラソン八っちゃん』が準入選してデビューする。
それ以降、『週刊少年ジャンプ』『週刊少年サンデー』『週刊少年チャンピオン』などを中心に、少年誌から青年誌まで幅広く活躍する。特に、スポーツものの作品を数多く発表している。
代表作に、『ブンの青シュン!』『風のフィールド』『めざせ一等賞』などがある。

著者プロフィール

岡村佳明　おかむら・よしあき

岡むら浪漫 代表

1962年生まれ。静岡県藤枝市出身。

母親が67年前に始めた居酒屋を、「稼業なら自由に遊べる」という不純な動機で手伝うことから、居酒屋の道に入る。35歳でそれまで遊び回っていた生活から一念発起し、全国の有名居酒屋を巡るなどして探求を重ねていき、母の教えであった「すべては人だ」ということに気づく。

そこから、「居酒屋づくりは人づくり」「お腹だけでなく心も満腹にさせる店」を合言葉に、「看板を出さない・宣伝をしない・入口がわからない」をコンセプトとして口コミだけで繁盛店をつくり上げ、現在は静岡県で7店の居酒屋を経営するほか、バリ島（インドネシア）にも出店している。

特に、若者やスタッフの心の育成に力を注ぎ、「岡むら浪漫の店は人間道場」と呼ばれている。

また飲食業界のみならず、異業種との交流にも力を注ぐとともに、「居酒屋から藤枝を元気にする会」「藤枝居酒屋グランプリ」を立ち上げて地元の活性化にも取り組んでいる。

こうした独自の経営がメディアでも注目を浴び、全国で講演を行うなど、活動の幅を広げている。

著書に『看板のない居酒屋』（現代書林）がある。

岡むら浪漫ホームページ　http://www.okamura-wa.com/
岡村佳明オフィシャルサイト　http://www.okamura-wa.com/yoshiaki/
岡村佳明フェイスブック　https://www.facebook.com/okamura.yoshiaki.3
岡村佳明ツイッター　http://twitter.com/okamuraroman
岡村佳明インスタグラム　https://www.instagram.com/yoshiaki_okamura/

岡村佳明オフィシャルアプリ
各アプリストアにて「おかむらよしあき」で検索（無料）

2019年春頃より、居酒屋業界の発展のため、
技術と心のすべてを学べる「居酒屋アカデミー」をスタートする予定です。

居酒屋アカデミー
http://www.okamura-school.com

ありがとーございます
にゃー

マンガ　看板《かんばん》のない居酒屋《いざかや》[成長物語《せいちょうものがたり》]

2019年 1月23日　初版第1刷

著　者 ―――――― 岡村佳明《おかむらよしあき》
漫　画 ―――――― みやたけし
発行者 ―――――― 坂本桂一
発行所 ―――――― 現代書林
〒162-0053　東京都新宿区原町3-61　桂ビル
TEL／代表　03(3205)8384
振替00140-7-42905
http://www.gendaishorin.co.jp/

ブックデザイン+DTP ―― ベルソグラフィック
写真提供 ―――――― 岡むら浪漫

印刷・製本　広研印刷㈱
定価はカバーに表示してあります。
万一、落丁・乱丁のある場合は購入書店名を明記の上、小社営業部までお送りください。送料は小社負担でお取り替え致します。
この本に関するご意見・ご感想をメールでお寄せいただく場合は、info@gendaishorin.co.jp まで。

ISBN978-4-7745-1765-0 C0030